INABA Mayumi

LA PÉNINSULE AUX 24 SAISONS

Roman traduit du japonais
par Elisabeth Suetsugu

Éditions
Philippe Picquier

Du même auteur
aux éditions Philippe Picquier

20 ans avec mon chat

Titre original : *Hantô e*

Mas de Vert
B.P. 20150
13631 Arles cedex
www.editions-picquier.fr

Conception graphique : Picquier & Protière

Mise en page : Christiane Canezza - Marseille

ISBN : 978-2-8097-1340-4

Des choses de la mer arrivent sur le rivage. Où vont-ils, ces êtres vivants dont on peut percevoir le mouvement lorsqu'ils traversent furtivement la forêt qui fait suite à l'estuaire?

Je me suis légèrement soulevée pour tendre l'oreille. Le bruit était semblable au froissement des feuilles mortes sur le sol. C'étaient peut-être les crabes ou les tortues dont parlait madame Kawahara.

L'an dernier au printemps, tandis qu'elle cueillait le colza du champ qui se trouve en prolongement de son jardin, elle m'a dit: « Les tortues ont élu notre jardin pour pondre. Quand vient l'été, les œufs roulent sur le gravier des parterres de fleurs. Si on y prête attention, on peut voir les bébés tortues, tassés les uns contre les autres. Ils passent par les conduites d'eau de la route pour retourner à la mer. A peine nés, ils savent déjà le chemin qui conduit à la mer! Peut-être comprennent-ils qu'ici ils n'ont rien à craindre des voitures...

— Je n'en reviens pas! Des tortues qui pondent leurs œufs ailleurs que sur le rivage?

— Les crabes aussi, vous savez. L'été, au moment des grandes marées, les femelles descendent d'un même mouvement vers la mer pour la ponte. C'est un défilé impressionnant ! Il paraît qu'on les appelle les Pinces rouges. Et tenez-vous bien, ces crabes qui ont grandi dans l'océan reviennent ici à l'automne. Tout de même, aller lâcher ses œufs dans la mer ! Le moins qu'on puisse dire, c'est qu'ils aiment se compliquer la vie ! »

N'ayant jamais été témoin d'un tel va-et-vient entre la mer et la terre, j'ai songé que j'aimerais bien voir un jour ce spectacle de mes yeux.

L'oreille tendue, je me suis efforcée d'écouter la profondeur de la nuit. Ce glissement furtif, étaient-ce les crabes en route vers la mer pour pondre leurs œufs ? Mais non. Ce serait pour plus tard. Les tortues alors ? A moins que ce ne soit simplement le frémissement du vent ?

Je me figurais aussi que c'étaient des huîtres qui passaient sous la maison à la queue leu leu pour se transporter d'une plage à une autre. Comme il était amusant d'affubler de pattes inutiles les mollusques agrippés aux rochers et de les imaginer en train de défiler !

Ces huîtres imaginaires à la démarche rapide ne quittaient pas mon esprit. Si, mine de rien, je les excitais du doigt, elles rampaient sur le sol. Tout en lançant un jet d'eau, elles circulaient en famille, au complet. Leur mouvement était maladroit, c'était une progression sans grâce, j'allais jusqu'à me demander si elles réussiraient à parvenir au rivage qu'elles s'étaient promis d'atteindre. Refusant de servir de hors-d'œuvre à la table des hommes, tentaient-elles de s'échapper pour un temps bref ? Les fantaisies de mon imagination me rendaient les idées claires au réveil.

Si je racontais à mes voisins que je dressais l'oreille dans mon lit au lever du jour pour sentir la présence de ces êtres vivants qui montent de la mer, j'aurais droit à des éclats de rire francs ou étouffés.

« Enfin, voyons, les huîtres ne bougent pas ! Elles passent toute leur vie au même endroit. Se déplacer ? Les huîtres ? Impossible ! Et selon vous, elles auraient quelle tête ? » se moquerait sans doute monsieur Kurata.

« Bon, admettons. Un défilé d'huîtres… Ce qui serait bien, c'est qu'elles viennent jusque sur notre table ! » Ça, c'est sans doute ce que dirait madame Kawahara. *Hahaha, ufufu.*

Les rires qui fusaient m'empêchaient de me rendormir, et j'ai tourné le bouton de ma lampe de chevet.

J'ai ouvert les volets, à l'est, le ciel s'éclairait. Cinq heures du matin. Encore une demi-heure, et le ciel serait paré de nuages violets et roses. Comme il faisait encore frais, j'ai passé un gilet léger sur mon pyjama. Je suis sortie sur la terrasse et j'ai regardé attentivement le chemin qui descend vers la mer. Il n'avait pas un mètre de large, il était couvert de feuilles mortes, rien ne bougeait nulle part. Quel était donc ce bruit que j'avais entendu, comme un passage furtif ?

Levant la tête, j'ai senti au milieu des arbres l'attente du matin. Sans doute un oiseau à lunettes ou un rossignol. Je ne savais pas où ils avaient fait leur nid, mais c'était un bruit différent du bruissement des feuilles ou des branches. Peut-être était-ce le frémissement des ailes des oiseaux qui parvenait à mon cerveau encore dans les brumes du sommeil.

Bientôt, un peu partout dans la forêt, le bleu du ciel traverse les branches. La lumière qui se glisse entre les arbres s'est teintée d'or clair.

Au même moment, du fond de la forêt, est monté le chant plein d'entrain des oiseaux. Au milieu de tous ces chants, on pouvait entendre quelque chose comme *rikka, rikka, pîî.* Au fait, aujourd'hui, c'est *rikka,* le commencement de la saison chaude.

Un mois déjà s'est écoulé depuis que j'ai quitté Tôkyô, déjà un mois depuis mon arrivée dans la péninsule.

Je me lève et je me couche au gré de mon humeur.

Ce matin au petit déjeuner, j'ai mangé du pain et des confitures maison ainsi qu'une soupe riche en légumes. J'ai débarrassé la table, fait la lessive et mis à aérer les futons. Après, je me suis promenée dans la forêt. C'est devenu une habitude du matin. J'enfile des bottes, je prends mon sac à dos. Je me dirige vers les taillis sombres qui envahissent tout et je descends le versant du jardin qui conduit à la mer.

Derrière moi il y a la grande bambouseraie des Kurata et ma petite cabane. La maison des Mochizuki qui viennent de temps en temps d'Osaka. De l'autre côté, celle des Hiraoka qui font le voyage de Nara tous les deux ou trois mois. Plus loin, la maison et l'atelier des Tachibana, qui travaillent la teinture végétale et qui sont une valeur sûre du lieu, car le couple est installé ici depuis longtemps. Après, on trouve la maison des Kawahara, un autre couple de résidents. Lui est un ancien cadre supérieur d'une usine à papier.

Les propriétés ont quelques centaines de mètres carrés de terrain, on y respire à l'aise. Les habitants ont entre soixante-cinq et quatre-vingts ans, ils sont venus s'établir dans la région après leur retraite.

Ils cultivent leur jardin, font pousser des légumes et des fruits, vont jouer au golf ou nager à la piscine municipale s'ils se sentent en forme, le reste du temps, ils le passent chez eux. La seule maison qui s'anime une ou deux fois par semaine, c'est celle des Tachibana, qui donnent des cours de teinture dans l'atelier. Les jours où viennent les élèves, on entend les rires déferler.

Ma maison est à l'extrémité du hameau. Elle a été bâtie sur un terrain en pente qui a la forme d'un V. L'asphalte de la route va jusque devant la maison, avant de s'interrompre brusquement là où commence la pente. L'électricité et l'eau arrivent jusqu'à la cabane. Bref, je suis au point limite du strict nécessaire à la vie quotidienne. Au-delà, pour la voiture, un chemin de campagne où l'on peut tout juste passer. En général, je suis seule à emprunter ce chemin qui conduit à l'estuaire.

En bas de la pente, sur le côté gauche, une vaste forêt, à droite, un terrain marécageux et des champs à l'abandon.

« C'était un joli chemin, vous savez ! On découvrait la mer, le chemin était bordé de violettes et de bleuets, sans parler de toutes sortes de fleurs des champs dont je ne connais pas le nom. Les rizières s'étendaient jusqu'à la mer. On voit de temps en temps dans les magazines des photos de paysages comme ça, vous voyez ce que je veux dire, des rizières d'un vert dense, comme des blocs de vert, comme le front d'un visage, oui, quelque chose dans ce genre. L'automne, il y avait plein de cèpes des pins, des *shimeji* aussi, et quand j'étais gosse, j'allais souvent en ramasser. Je me rappelle, les *matsutake*, on en mettait dans le *sukiyaki*, il y en avait plus que de lamelles de viande de bœuf! C'était la belle vie, vous pouvez le dire! »

Quand j'ai acheté de la terre pour aménager des plates-bandes de fleurs, le pépiniériste est venu dans sa petite camionnette me la livrer et il m'a raconté ces quelques souvenirs sans quitter du regard le chemin en pente, avec cette intonation douce qui est une particularité des gens du coin. A présent, les arbres ont tellement grandi qu'ils cachent la mer, et les champignons ont disparu. Les rizières qui descendaient en terrasses jusqu'à la mer ont été délaissées à partir des années 1960, et le paysage a repris son allure d'origine.

Les terres dont personne ne s'occupe sont en friche. Ne poussent que des verges d'or et des carex, des roseaux, des taillis de bambous et des arbres de toutes sortes qui prisent l'humidité. Le marécage est bordé de plantes caméléons et de massettes, et on a beau les arracher, elles repoussent à l'infini.

La rizière d'environ cent vingt mètres carrés qui s'étend en bas de la maison est devenue un marécage elle aussi, et s'il n'y a pas d'odeur de pourriture ou de vase, c'est parce qu'en plusieurs endroits jaillit de l'eau de source qui coule en permanence. L'eau se faufile au pied des bambous de haute taille et des carex avant d'achever sa course dans l'estuaire plus bas. Seule l'eau est capable de survivre à une course à travers un terrain laissé à l'état sauvage.

Au-dessus de ma tête, le bavardage incessant des oiseaux se mêle aux rayons de soleil qui percent le feuillage. C'est un temps idéal pour se promener, une belle lumière qui n'éblouit pas. Mon pas se fait de plus en plus rapide. Là-bas, c'est le petit estuaire, au bout du sentier qui file à travers ce qui était autrefois un paysage de rizières en terrasses. En marchant tout droit, il ne faut pas plus d'une dizaine de minutes, mais je m'arrête souvent, intriguée par des arbres qui ne me sont pas familiers, cherchant malgré moi à découvrir l'emplacement des nids.

Le premier endroit où je passe pour me rendre à l'estuaire est un petit pont en bois qui sert de limite au terrain en forme de V. Trente centimètres de large, un mètre cinquante de long. Il est constitué de deux solides planches entourées de cordes. Elles servent à renforcer le bois pour l'empêcher de casser. Il y a plusieurs années qu'on a installé ce pont au-dessus d'une rigole naturelle qui canalise l'eau de pluie. A l'origine, c'était une bibliothèque que mon père s'était fait faire spécialement pour son bureau. Mon père qui est mort en 1964. Il y a environ huit ans, il avait été décidé de reconstruire la maison de ma mère et de se débarrasser des vieux meubles, des portes et de tout ce qui ne pouvait plus servir. Ma mère ne cessait de poser sur toutes ces choses un regard découragé. Particulièrement sur la bibliothèque, s'exclamant avec regret : « Quel dommage, tout de même ! Rends-toi compte, ce bois, c'est du cyprès. Et dire que cela ne servira plus. Quel gâchis ! Jeter un si beau meuble ! » Mon père était professeur d'anglais et je me souviens qu'il alignait sur les rayons les livres occidentaux qu'il aimait. On avait ôté les livres, le bois où ils étaient restés pressés les uns contre les autres avait conservé sa couleur naturelle, mais avait pris à l'extérieur un ton noirâtre. Témoin de la déception de ma mère, la tristesse m'avait gagnée, si bien que j'avais décidé de me charger du meuble. Mais quand j'ai pris la décision de le transformer en pont, j'ai eu un mal considérable à démanteler les étagères, tant le bois était épais et la construction soignée. En contrepartie, la solidité des planches était sans égale.

« C'est vraiment bien ! s'est félicitée ma mère quand elle est venue.

— Oui. Et tu sais, on peut traverser facilement, en toute tranquillité.

— C'est Yukio !

— Comment ?

— Mais oui, le nom du pont, tu comprends. Le pont va s'appeler Yukio ! »

Yukio. C'était le nom de son mari, que la maladie avait enlevé à l'âge de quarante-trois ans, mon père. La couleur ambrée du bois se fondait dans le paysage, et sans trop m'expliquer pourquoi, il me semblait que le pont jouait le rôle de dieu protecteur des lieux.

Les tuiles noires qui couvraient le toit de la maison maternelle, la pierre servant à presser les condiments qui se trouvait dans un placard de la cuisine ainsi qu'un pot en faïence et quelques tuiles décoratives, une petite vasque, et j'en passe, tout cela a échoué dans la maison de la péninsule. Les tuiles noires ont servi de bordure aux plates-bandes, la pierre de la cuisine est devenue une dalle, le pot en faïence et les tuiles décoratives se sont transformés en abreuvoirs destinés aux oiseaux, quant à la jarre, je m'en sers pour disposer des fleurs devant l'entrée.

Il a fallu un certain temps pour que toutes ces choses qui venaient de la maison familiale trouvent leur place, mais à la différence des objets en plastique ou en simili-bois qui souvent ne font que jurer, ils ne détonnent pas. Parmi eux, c'est la bibliothèque transformée en pont qui s'est le plus rapidement fondue dans le paysage, sans parler de son indéniable utilité. Toutes mes journées commencent par la traversée de ce pont. On rejoint la forêt et la baie bien plus rapidement qu'en passant par la route au-dessus qui dessert le hameau. Quand je franchis le pont Yukio, je suis soudain enveloppée d'ombre. Chênes, pins, cryptomères, rhododendrons, clèthres à feuilles d'aulne foisonnent autour du sentier sombre où je peux tout juste me frayer un passage, avec l'impression d'un voyage instantané entre le monde lumineux que je laisse derrière moi et celui de l'ombre où je pénètre.

Je m'arrête un moment. Il me semble soudain sans intérêt d'aller directement à l'estuaire et, changeant d'avis, je décide de m'y rendre en passant à travers la forêt. Le terrain est loin d'être nivelé, et tout en se retenant aux branches des arbres pour monter ou descendre, on fait des rencontres inattendues. Le lichen bleu-vert qui recouvre les troncs, dont les formes tout en finesse et gonflées d'eau ne lassent pas le regard, ou les toiles que des araignées géantes ont tissées entre les arbres. Les branches qui mêlent leur feuillage jouent le rôle de parapluie, et quand il pleut, on passe sans se faire mouiller ou presque.

Aujourd'hui, il fait beau. Un peu partout, les rhododendrons brûlent d'un rouge vif. J'avance, tantôt écartant les branches, tantôt ramassant les fruits tombés des arbres, dans la forêt où l'air même semble vert. Noix et noisettes, que sais-je, vont gonfler les poches de mon pantalon. Les feuilles au dessin mystérieux, je les insère dans le guide des fleurs des champs que j'ai mis dans mon sac à dos.

Quand je parviens à l'estuaire enserré entre des rochers, je suis en nage. Au-delà des cabanes des éleveurs d'huîtres, le bleu de la mer s'étend à perte de vue. Est-ce un pluvier, un oiseau traverse le ciel d'un vol tranquille. Les ailes légères, les oiseaux volent avec sagesse. Nul bruit. Le ciel où rien ne passe pare l'estuaire d'une beauté paisible.

Il y a un mois à peine, je vivais dans un studio au bord de la baie de Tôkyô. De mon balcon situé au quatrième étage d'un immeuble de dix, je voyais tous les jours la masse terne des bâtiments gris et les quatre voies de la route nationale qui passe en bas. Les voitures qui roulent de jour comme de nuit, les cris des enfants qui montent de l'école et du collège non loin, à longueur d'année le bruit incessant des travaux qui retentit sur une route ou une autre, les sirènes assourdissantes des ambulances et des voitures de police, le vacarme des motos qui foncent tous les soirs en direction des digues de la baie… De la fin de la saison des pluies jusqu'à l'équinoxe, la réverbération luisante de l'asphalte. Tout cela était mon quotidien, le quotidien de Tôkyô qui m'était devenu familier.

Je suis arrivée ici au moment où l'effervescence de l'équinoxe de printemps venait de prendre fin.

J'avais décidé de faire une pause, sans savoir si c'était pour six mois ou pour un an.

N'avais-je rien oublié ? Le dos appuyé sur le siège du TGV, j'ai passé en revue les choses une par une. J'avais fait connaître mon changement d'adresse pour le courrier ou les livraisons de colis. J'avais mis fin à mon abonnement au journal. J'avais vidé le frigidaire, pris les sachets de nourriture du chat, le bol d'eau aussi. J'avais noté sur un papier comment on pouvait me joindre, en demandant au gardien de me prévenir en cas d'urgence et en précisant bien que je pouvais rentrer aussitôt. J'avais mis les plantes du balcon dans un carton que je m'étais fait envoyer, je n'avais pas oublié de fermer le gaz et l'eau. Carte de

Sécurité sociale, passeport, livret bancaire, cartes de crédit, tout avait pris place dans un coin de mon sac.

Quant à mon travail, il me suffirait d'accepter ce que je pourrais mener à bien sur la presqu'île. J'avais prévenu la petite maison d'édition avec laquelle j'étais en relation depuis de longues années, ainsi que le responsable éditorial qui s'occupait de moi, en disant avec nonchalance que « je ne partais pas à l'étranger, je n'allais pas bien loin ». De Tôkyô, il fallait environ cinq heures pour atteindre cette péninsule située dans la préfecture de Mie. Si un imprévu surgissait, je pouvais être de retour dans la journée.

J'avais pris avec moi mon ordinateur, un minimum de vêtements de rechange, quelques dizaines de livres, plusieurs disques que j'avais l'habitude d'écouter. Mon seul compagnon était mon chat, un mâle âgé de onze ans, qui partageait ma vie. Comme nous étions ensemble depuis plus de dix ans et que je l'avais toujours emmené avec moi quand je venais sur la presqu'île, il était habitué à voyager en train, TGV ou train ordinaire des lignes privées. De temps en temps, mais c'était très rare, il miaulait à mes pieds pour me dire « Dépêche-toi de me sortir de là ! », mais il finissait toujours par se tenir tranquille, immobile dans son panier.

C'était la première fois que je m'éloignais pour longtemps de la capitale. J'étais un peu inquiète quand je pensais à l'incertitude de la vie qui m'attendait, en même temps, je me rappelais l'optimisme qui m'animait au moment où j'avais quitté ma province natale pour venir à Tôkyô. Je me disais alors que tout se passerait bien, oui, ça irait, je me débrouillerais. Je n'avais qu'à m'habituer à la nuit lumineuse de la ville que les néons rendent aveuglante, moi qui arrivais de la campagne où profondes sont les ténèbres. Cette fois, je me disais que c'était le contraire. Je ne faisais que quitter des nuits claires pour m'habituer de nouveau à l'obscurité. Je m'accoutumerais sans doute tout de suite. La distance n'était que de cinq cents kilomètres.

Dans le paysage qui s'offrait maintenant à mon regard, il n'y avait presque rien d'artificiel, sinon les poteaux électriques destinés à conduire l'électricité aux cabanes des ostréiculteurs. Il n'y avait que la forêt, une succession de plages, et des falaises sans nombre, d'un gris teinté de rouge.

Les falaises. La première chose qui m'est devenue familière, ce sont les falaises qui hérissent le paysage de leurs aspérités.

Chaque fois que je les vois, je me rappelle que je me suis lourdement trompée et je ne peux m'empêcher de rire. En effet, j'ai cru pendant longtemps que le sol de la région était fragile, peu fiable. Qu'il datait de la fin de l'ère Paléozoïque et était constitué de vieilles strates.

Il n'en est rien. C'est grâce à un livre découvert par hasard dans une bibliothèque à Tôkyô que j'ai compris mon erreur.

A cette époque, mon travail consistait à classer les manuscrits d'un vieux chercheur et collectionneur de pierres qui avait publié à compte d'auteur un livre intitulé *La Vie des pierres*, qui regroupait des textes écrits sous la dictée. Il était quelque part question de strates où on découvrait des pierres inestimables. Comment, quoi, les pierres variaient selon les sols ? Cette découverte me passionnait, je parcourais au petit bonheur des livres de géologie, et j'ai fini par tomber sur un volume qui traitait de la question.

J'avais envie de savoir sur quel sol se trouvait ma cabane de la presqu'île de Shima, je voulais connaître le nom de ces strates crayeuses, sèches et friables, et mon regard se portait sur tous les éléments qui composaient mon environnement naturel. C'est ainsi que j'ai mis la main sur un document qui indiquait tous « les endroits stabilisés pour empêcher les mouvements de terrain ainsi que les zones à risque ». Tandis que machinalement je comparais les deux textes, j'ai failli pousser un cri. Les couches statigraphiques qui constituaient la péninsule n'étaient nulle part classées comme zone à risque. Alors que la ville de Toba, pourtant juste à côté, ainsi que le sud d'Ise, étaient signalés en plusieurs endroits comme dangereux, on ne faisait pas état de la presqu'île. Moi qui étais persuadée du contraire !

Etait-ce bien vrai ? Sans pouvoir m'empêcher de conserver des doutes, je lisais en retenant mon souffle ces noms qui ne m'étaient pas familiers, les listes des ères géologiques. La zone à risque située dans l'agglomération de Toba appartient au Paléozoïque, période des roches vertes de Mikabu, le sud d'Ise au Permien et au Carbonifère de la couche Chichibu. *Paléozoïque, roches vertes de Mikabu, Permien, Carbonifère, couche Chichibu*... Autant de noms qui m'écorchaient la gorge comme des textes de sûtras.

Le sol de la péninsule de Shima était formé de quatre couches qui remontaient du Crétacé au Jurassique de l'ère Mésozoïque, couches Izumi, Ryôseki, Torisu et Shimantô. Crétacé, Jurassique, ça, je connais. L'apparition des ammonites et des dinosaures, des mammifères marsupiaux et des reptiles, des premières plantes à fleurs, les plantes ligneuses comme les fougères faisant place aux angiospermes.

Le genre humain n'a pas encore fait son apparition et l'image d'une Terre encore inachevée traverse fugitivement mon esprit. La nomenclature qui suivait avait des échos plus doux, sans que je puisse dire pourquoi. *Couches Izumi, Ryôseki, Torisu, Shimantô.* Les noms résonnaient avec une tonalité plus tendre que je ne m'expliquais pas.

J'ai appris aussi que cette région était née suite à des soulèvements de l'écorce terrestre qui avaient entraîné un retrait de la mer. Ainsi donc, l'endroit où je me trouvais était une terre enfouie à l'origine sous l'océan. J'avais du mal à imaginer ce qui s'était passé cent millions d'années plus tôt, en revanche j'étais capable de capter l'image de roches blanches et nues saillant un peu partout. Simultanément, les termes tels que Crétacé, Jurassique sonnaient agréablement à mon oreille avant de s'infiltrer en moi comme des mots familiers. Quand je songeais au royaume des ammonites et des dinosaures que j'étais tentée de considérer un peu comme des ancêtres, le souffle de l'ère Mésozoïque faisait frémir ma sensibilité. Ce qui était apparu sur la Terre dans les premiers temps de la vie, tout ce qui avait résisté au-delà du diastrophisme, voilà ce qui faisait que je me tenais debout sur mes deux jambes ! C'était tout bonnement extraordinaire ! En creusant le sol, qui sait si de précieux fossiles ne feraient pas leur apparition ! Une excitation joyeuse me faisait battre le cœur.

J'ai retourné la carte et j'ai remarqué que la péninsule ressemblait à un oiseau au long cou en train de se lisser le plumage. Comme l'extrémité d'un cadenas s'arrondissant vers l'intérieur, la presqu'île est semblable à un bastion qui protège la baie. Ma petite maison se trouve exactement sur le bord du col de l'oiseau. « Le terrain est en prolongement de la falaise, il n'a sûrement pas la moindre solidité et doit être prêt à s'effondrer comme un rien ! » Cette conviction qui était la mienne jusque-là a volé en éclats à cette lecture.

Quand j'y pense, c'est un court voyage effectué il y a une quinzaine d'années qui est à l'origine de ma décision de construire une maison sur la péninsule de Shima. Je m'étais égarée sur le rivage qui n'en finissait pas, un bord de mer qui mordait dans la forêt, et j'avais marché une bonne demi-journée. Cette fois-là, quels que soient le cap ou l'estuaire où je me trouvais, mon regard, immanquablement, rencontrait des falaises blanches et sèches. Les racines violemment tordues des pins qui se penchaient vers la mer, les chênes-lièges qui s'agrippaient à la pente, le vert des arbres et le bleu de la mer qui se confondaient, l'ensemble était d'une beauté saisissante. Le sol qui portait le poids de tous ces arbres, les falaises qui laissaient deviner les strates géologiques qui les constituaient, tout me séduisait.

A moins que… oui, mon moi d'alors était sans doute plein d'ambiguïté. Je traversais une période troublée. J'avais quitté un homme, j'avais perdu une amie précieuse, ma vie glissait au gré de la monotonie des journées qui s'écoulaient sans trouver d'issue. Je voulais fuir, n'importe où, mais fuir. C'est à ce moment-là que j'ai fait la rencontre des falaises, ces blocs de matière indéfinissable, qui ne portent pas la moindre odeur humaine.

Je regarde autour de moi, tout n'est que falaises. En plus, à force d'être exposées au vent de la mer, elles sont pour la plupart déchiquetées, comme en lambeaux. Comme elles sont vides de désirs, comme elles sont sans aménité ! C'est cela qui m'a fascinée.

Ces falaises que personne ne regardait m'ont apporté le calme. Et pourtant… Je me prenais à murmurer.

« Tout de même, je m'emballe facilement ! Moi qui m'étais persuadée à la légère que c'était là la spécificité de la roche ! Je me faisais des reproches, j'aurais voulu m'excuser. Mais il était trop tard. A cette époque, mes yeux ne voyaient que les déchirures. Vous comprenez, n'est-ce pas, ce désir de s'identifier à quelque chose… »

Pour autant, mon amour des falaises ne s'est pas refroidi, la pensée que cette terre avait survécu depuis la nuit des temps a renforcé davantage encore mon attachement à la péninsule.

Quand un soir d'automne, il y a deux ans, j'ai senti une violente secousse qui a fait osciller la maison, je me suis sentie curieusement confiante. D'ailleurs, cette maison étonne toujours ceux qui y viennent. Les pilotis enfoncés sur le terrain en pente, le soubassement en béton qui supporte là-haut la construction proprement dite, suscitent l'inquiétude générale. Tous s'accordent à dire quand ils lèvent les yeux vers la maison : « Vraiment, c'est une habitation dangereuse ! Construire sur un endroit en pente, à flanc de terrain, ça devrait donner à réfléchir, tout de même ! En plus, ce n'est pas une petite affaire pour monter et descendre ! »

Une femme seule qui arrive avec insouciance de Tôkyô et se fait bâtir une maison sur un terrain resté en plan… Sans aucun doute, cela avait contribué à éveiller la curiosité et une certaine suspicion.

Au rez-de-chaussée, une salle de séjour de vingt mètres carrés environ et une pièce japonaise de six tatamis, en haut une pièce occidentale d'une dizaine de mètres carrés avec un plafond tout en hauteur.

De l'extérieur, la maison a l'apparence d'une lame de couteau. Mais la solidité du sol de cette région qui n'est pas concernée par les dangers d'un glissement de terrain m'a permis de rester indifférente à toutes les mises en garde, moi qui étais persuadée que les soubassements sur lesquels elle reposait étaient comme du caoutchouc de terre visqueuse. Quand la terre a tremblé, j'ai pu garder mon calme en attendant que cela passe. La lampe suspendue à une des poutres de cyprès encadrant le plafond a dessiné des cercles légers comme l'ébauche d'un rire. Elle a oscillé d'abord à droite, avant de trembler du côté gauche. Puis est venu s'ajouter un mouvement vertical, et les petites vagues ont formé un cercle qui s'est évanoui lentement.

On dit que les secousses viennent après coup.

Viendra, viendra pas ?

J'ai ouvert en grand la baie vitrée et regardé la pente depuis la véranda. De l'obscurité montait le chant retentissant des insectes, on avait l'impression que leurs voix jaillissaient du milieu de la terre. Malgré le tremblement de terre qui venait d'avoir lieu, les arbres étaient retournés à leur profond silence. Nul bruit, nul froissement de feuilles, nul grondement du sol. Un silence étrangement dense régnait.

C'est depuis ce moment. Quand on me disait : « Ah bon, vous allez là-bas pour quelque temps ? Au lieu de vous y installer, vous ne feriez pas mieux de continuer à faire des allers et retours ? Que signifie ce changement d'état d'esprit ? », je répondais : « Vous comprenez, le sol m'appelle. C'est un sol tout nu, mais tellement fort… » J'aurais pu tout aussi bien dire que je répondais à l'appel du Crétacé et du Jurassique. L'un comme l'autre auraient fait l'affaire. Je m'amusais de voir la mine effarée de mon interlocuteur, ou encore son refus pur et simple de comprendre.

« L'appel des strates, dites-vous ? C'est un motif que j'ai du mal à saisir. Sans oublier que Tôkyô doit être bien plus pratique pour votre travail, non ? »

Je me rendais bien compte que je ne savais pas me montrer convaincante. D'ailleurs, dès le début, lorsque j'étais revenue d'un voyage il y a une quinzaine d'années et que j'avais décidé de faire construire une petite maison dans la péninsule, je m'étais demandé comment justifier aux yeux de mon entourage mon attitude irréfléchie. Oui, voilà, c'est parce que les falaises m'ont envoûtée. Oui, voilà, je n'arrive pas à oublier ces formes pouvant à tout moment se briser. D'ailleurs, au fond, une cachette n'est-elle pas plus séduisante si elle est située dans un endroit surprenant ?

Au fur et à mesure que j'alignais ces raisons pour le moins équivoques, j'ai fini par me lasser de ma propre irresponsabilité. Bientôt, j'ai décidé de faire la fière en déclarant : « Puisqu'il s'agit d'une cachette, je n'ai pas besoin d'en parler à qui que ce soit ! » et j'ai pris l'habitude de me rendre toute seule dans la péninsule.

Une seule journée suffisait pour que je me sente purifiée par le vent qui me pénétrait. Cette journée, parfois une semaine en été où je m'échappais de Tôkyô, créait un temps de repos teinté de mystère. Dans mon bureau, le répondeur faisait savoir que j'étais absente. Je ratais peut-être quelque chose d'important (un travail lucratif ou un repas avec des amis), mais par ailleurs je goûtais pleinement la joie que m'apportait précisément le fait d'être absente. Il est possible que cette joie m'ait donné l'envie de vivre quelque temps dans la péninsule, comme un prolongement de cette plénitude.

Que je sois là ou non, les jours se suivaient et se ressemblaient. On ne se préoccupait pas de ma présence ou de mon absence. Quelle nécessité me faisait être là où j'étais ? Que gagnais-je à rester à Tôkyô ? Je ne trouvais pas de réponse, et la question avait fini par se transformer et prendre une forme nouvelle qui m'incitait à penser : « Une fois que la décision sera prise, les choses s'arrangeront. J'arriverai bien à me débrouiller ! »

Cependant, je continue de m'étonner d'avoir pu rester si naïve pendant trente ans ! Jusqu'à ce que je finisse par posséder une maison sur la presqu'île, je n'ai jamais cessé de croire que le seul endroit où je pouvais vivre, le seul endroit qui m'était nécessaire, c'était Tôkyô. Je le disais souvent à mes amis. Tôkyô est merveilleux. Pas question de m'en éloigner ! Je m'y sens à l'aise. Les gens ont tous l'air de touristes. On se croise, et c'est tout. Il n'y a personne pour se retourner sur vous, état d'esprit qui correspond parfaitement à ma sensibilité. J'étais prête à faire le deuil de mon pays natal si c'était pour vivre à Tôkyô.

Quand je suis arrivée dans la capitale en compagnie de l'homme avec qui j'avais fait ma vie, je n'avais pas encore trente ans, je lui ai sauté au cou et je me suis écriée avec enthousiasme : « C'est fantastique ! Tout ce monde ! Toutes ces choses ! Il va falloir commencer par retenir le plan du métro ! »

Nous louions dans la banlieue de Nagoya, presque la campagne, une maison entourée de rizières, et même si, le soir, les nouvelles habitations s'allumaient çà et là, j'ignorais les lumières des grands immeubles. Ce qui est bien connu à Nagoya, ce sont les galeries marchandes souterraines et les avenues larges d'une centaine de mètres, mais mis à part les tours, la ville était bien moins vivante que Tôkyô.

« Aujourd'hui aussi, il y avait un monde fou, la vie était palpable ! »

Tenant tête aux satyres dans le train, les pieds écrasés par des jeunes gens impassibles, évitant de justesse de me faire arracher mon sac, je jubilais. Le dernier métro où menaient grand tapage des hommes saouls à l'haleine avinée, l'affluence qui m'étourdissait, l'indignation qui m'animait à l'égard des gestes peloteurs, tout à Tôkyô était pour moi l'occasion d'expériences infiniment plus intenses qu'à la campagne.

Les jours de congé, nous allions dans des restaurants en haut des tours pour admirer le paysage nocturne, nous fréquentions les bains publics équipés de sauna où nous pouvions nous étirer de tout notre long dans le bassin, j'avais appris à me faufiler aux carrefours à Shinjuku ou Shibuya sans bousculer les gens. Mon allure de provinciale peu dégourdie faisait place à une silhouette de jour en jour plus déliée.

Dans les librairies, les dernières parutions s'empilaient comme des gratte-ciel, je pouvais faire l'acquisition de tous les disques que je désirais. On entendait de la musique à tous les coins de rue, et quand je descendais les marches de certains escaliers sombres et étroits signalés par des panneaux et des enseignes originales, j'étais aussitôt assaillie par Coltrane ou Miles Davis.

Dix ans après mon arrivée dans la capitale, nous nous sommes séparés, mais ni mon compagnon ni moi ne sommes retournés dans notre province natale. Lorsque j'ai commencé à vivre seule dans un studio en ville, je ne cessais de me dire que même si j'étais loin de mes amis et de ma région, j'avais Tôkyô. Le lieu où j'allais désormais passer ma vie était Tôkyô. J'avais pris la décision de vivre dans cette ville. Et voilà que dans cet endroit si calme, devant cet estuaire désert, j'étais sur le point d'affirmer le contraire.

J'ai cet endroit. Si je n'ai pas Tôkyô, j'ai au moins cet endroit. En restant ici, je dois pouvoir survivre. Mais oui, puisque… on va peut-être se moquer de moi, mais ce sol, cette terre constituent un lieu solide et fort.

Tout en marchant, je réfléchissais au tour mystérieux qu'avaient pris les choses. Sans que je m'en aperçoive, les rôles de Tôkyô et de la péninsule s'étaient inversés. Elle était sur le point de devenir le centre de ma vie, et Tôkyô en passe d'être relégué au second plan. Jamais jusque-là les choses ne s'étaient présentées ainsi. J'avais construit ma vie à Tôkyô, vivre ailleurs n'était pas concevable. Et voilà que je me retrouvais à flâner ici et là dans la presqu'île, sans seulement faire mine de me mettre au travail… Oui, j'avais fini par tisser un lien entre cet endroit et l'illusion de continuer à vivre.

Maintenant que j'ai décidé de prendre du repos ici pour une durée imprécise, Tôkyô s'est peu à peu éloigné. Je ne rêve plus des enseignes lumineuses, j'ai fini par oublier le goût du cognac étoilé que je dégustais dans un bar où j'avais mes habitudes. Où est passé le temps où je flânais dans Ginza, qu'est devenue ma course d'une boutique à l'autre dans le quartier d'Aoyama, tous ces jours qui me voyaient parée de bracelets, de colliers, de boucles d'oreilles ?

A présent, ma tenue quotidienne consiste en un pantalon de coton noir retenu par des bretelles et une chemise blanche de cotonnade épaisse. Aux pieds, des bottes panthère jaunes et noires. Un tablier de jardinage rempli de poches, des gants épais à fleurs. Quand j'étais à Tôkyô, j'ignorais jusqu'à l'existence de tels gants. J'ai aussi un chapeau de paille que j'affectionne beaucoup et dont la couleur a passé. Les bottes panthère, c'est parce que je veux me sentir proche des jaguars et des lions qui parcourent les prairies.

Quelle élégance dans ma tenue de promenade choisie avec tant de soin ! Je me sentais d'humeur conquérante. Je voulais me proclamer à moi-même que j'étais une jeune imbécile du temps où je léchais les vitrines, éperdue d'envie devant les fringues hors de prix.

Il n'est pas impossible que cette façon de sentir les choses soit liée à « ce choïx de la vie » dont parlait Nanako.

Nanako… Cette amie de Tôkyô brusquement disparue. J'avais été son amie intime pendant dix ans, mais elle avait décidé de partir dans l'autre monde. Elle seule en connaissait la raison. A moins qu'elle n'ait été confrontée à une situation qu'elle-même était incapable d'expliquer. Je me souviens avec moins d'acuité à présent des mots qu'elle avait tout le temps à la bouche, « dorénavant, mon but sera de survivre », ou encore « je veux en finir avec ce travail de merde ». Comme nous étions toutes les deux de la même génération et de la même profession, j'avais souvent recours à elle pour la partie fastidieuse de la rédaction. Elle qui était coiffée en lionne, toujours sur la défensive, avait-elle fini par perdre l'équilibre ?

Que penserait Nanako en me voyant « faire une pause », comme je le dis si bien ? C'est peu après sa disparition que j'ai fait construire la maison de la presqu'île. Je n'aurai jamais l'occasion de passer avec elle du temps dans ma « cachette ». C'est la seule chose que je regrette, un regret qui me reste en travers de la gorge.

L'estuaire que j'ai sous les yeux, ce rivage tortueux qui se prolonge sans fin, est d'une lumière aveuglante. Au-delà de la baie, apparaît comme un gâteau de riz une île inhabitée. Aujourd'hui, on n'aperçoit aucun bateau voguant vers l'île. Quand les bateaux vont et viennent, l'estuaire se couvre d'écume blanche, mais maintenant, seule l'eau bleue l'enveloppe. On entend seulement le clapotis de l'eau contre les rochers, car la mer commence à monter.

Il paraît que les côtes à rias portent un autre nom, celui de « vallée engloutie ». A force de subir les attaques de la mer et les soulèvements de la croûte terrestre, la côte serait devenue une vallée ayant perdu ses formes douces. Si la configuration complexe de la péninsule présente de violentes aspérités, elle possède aussi un grand nombre de promontoires et de creux profonds capables de ne faire qu'une bouchée d'un être humain.

Même si les vagues de l'estuaire semblent tranquilles, il suffit de faire un pas dans la mer pour découvrir un autre monde, composé d'innombrables trouées invisibles de la plage, c'est peut-être ce qui a donné ce nom de « vallée engloutie ». Au-delà de l'estuaire, il y a un autre promontoire qui, une fois contourné, présente un nouvel estuaire, et ainsi de suite. Où qu'on marche, on découvre le même paysage, que nulle démarcation ne vient altérer. J'ai regardé du haut d'une falaise et j'ai pu me rendre compte que c'était un paysage qui ne connaissait pas de limite. Un monde lumineux, sans personne, sans voiture, sans feux de signalisation.

Je me dis qu'une métropole cache également de nombreuses vallées où on risque de s'engloutir. Nanako a pu y tomber pour ne plus remonter, Nanako, qu'un seul lien a été impuissant à retenir.

Aujourd'hui aussi, je fais le tour de la péninsule. Tout en contemplant la baie du haut d'une falaise, je me laisse aller un moment à cette tranquillité solitaire, je m'engloutis. Je chasse l'image de Nanako avec comme toile de fond le rouge des rhododendrons. La lumière venue de la mer rend éblouissante la blancheur des manches de mon chemisier.

Au retour de ma promenade, j'ai trouvé devant l'entrée une montagne de jeunes pousses de bambou fraîchement cueillies. C'était sans doute monsieur Kurata qui les avait déposées. Il y en avait neuf, de belle taille.

Il paraît que l'année dernière, les Kurata en ont déterré plus de trois cents en trois mois. C'était la pleine saison, ils étaient débordés de travail. Cueillir, faire cuire, éplucher, couper en morceaux d'égale grosseur, mettre dans des bocaux aseptisés. Dans la cuve disposée à l'entrée du jardin, il y avait toujours de l'eau bouillante. Le bois venait de la bambouseraie et on jetait entre deux cueillettes un œil sur la marmite, soulevant le couvercle en bois pour voir où en était la cuisson. Tous les gestes se répétaient au même rythme, créant une intense activité.

Les jours de pluie se succédaient et la croissance des pousses était vertigineuse. Heureusement, le partage avec les gens du voisinage s'intensifiait avec la même mesure.

J'ai oublié à quel moment Kurata a dit :

« Quand on traverse une forêt de bambous, on perd l'envie de dormir. Si ça se trouve, les bambous absorbent les toxines qui se trouvent dans le corps.

— Les bambous absorberaient les toxines? Comment ça? »

J'avais posé la question d'un ton légèrement moqueur. Kurata s'est contenté de hocher la tête en disant: « Sans doute à cause de la tige qui est creuse, parfaitement vide à l'intérieur. Vous n'avez pas l'impression que c'est comme l'univers? En plus, les pousses de bambou, ça grandit de plusieurs centimètres par jour. Cette énergie, eh bien, elle doit nous pénétrer, sûrement. Quand je traverse une bambouseraie, j'ai l'impression, comment dire, que je ne mourrai jamais. J'ai soixante-dix ans, mais je crois bien que j'ai encore trente ans devant moi! »

Les bambous étaient-ils vraiment creux à l'intérieur?

Kurata aimait la pêche à la ligne, il venait souvent ici depuis Nara où sa femme et lui avaient leur maison, mais quelqu'un dont il avait fait la connaissance par hasard avait mis en vente un terrain auquel s'ajoutaient près de trois mille mètres carrés de bambouseraie. Une maison avec une forêt de bambous étant plutôt rare, il n'avait pas hésité et, malgré l'opposition farouche de ses proches, il était venu s'installer là après sa retraite. Depuis, la forêt de bambous était devenue pour Kurata un lieu sacré.

J'ai sorti du placard sous l'évier de la cuisine une énorme marmite que j'avais achetée l'an passé, et j'ai fait les préparatifs de cuisson. Quand j'ai ôté la terre, une odeur puissante s'est répandue. Une douce odeur de terre mêlée de feuilles pourries.

A compter de ce jour, les repas seraient pendant près d'une semaine constitués de plats de pousses de bambou. En fines lamelles crues, blanchies, agrémentées de miso, cuites dans le riz, revenues à l'huile, mélangées à de l'œuf battu. Comme en cette saison toutes les maisons du voisinage se partageaient les pousses de bambou, quand on se rencontrait, tout le monde disait :

« J'ai l'impression que des bambous vont me pousser à l'intérieur du corps !

— Au fait, il me semble que vous avez légèrement grandi, vous ne trouvez pas ?

— Vous ne pouvez pas savoir comme ce que vous dites me fait plaisir ! Serait-ce un effet de l'extrait de bambou ?

— Disons plutôt que c'est tout simplement grâce à monsieur Kurata ! »

Quelques jours plus tôt, Kayoko m'avait promis de me donner du miel.

J'ai téléphoné pour savoir si je pouvais passer. Elle a dit oui sans l'ombre d'une hésitation.

Sans qu'on s'en aperçoive, le soleil était devenu plus chaud. J'ai mis mon chapeau de paille et juché sur mon dos un sac vide.

Je suis passée devant la maison des Mochizuki dont les volets restaient clos, j'ai dépassé celle des Hiraoka, et je me suis dirigée vers l'est, à l'opposé du chemin qui conduit à l'estuaire. Quand on a marché pendant environ un quart d'heure sur une route goudronnée, on tombe sur un hameau de quelques maisons, qui sont toutes habitées depuis plusieurs générations. Les tuiles du toit de l'une d'elles, apparemment très vaste, réfléchissent les rayons du soleil. Une autre a aligné à l'entrée du jardin des cartons sur lesquels sèchent des plantes marines, elle doit appartenir à un éleveur d'algues. Toutes ces maisons semblent être traversées par un couloir interminable et donnent l'impression d'une grande aisance.

Au sommet de la côte, sur le versant sud-est, il y a la propriété de Kayoko et de son mari. Ni clôture ni portail. La maison est construite comme une ferme, on y pénètre directement depuis la route. Une petite haie basse pousse devant la porte d'entrée, on a répandu du gravier pour la voiture, et on découvre, accrochée à une branche d'arbre qui dépasse du côté de la route, une pancarte qui porte la mention *Miel Ochi*. Quand la pancarte est suspendue, cela signifie qu'il y a quelqu'un. Les lettres tracées à l'encre de Chine d'un mouvement vigoureux sont de la main de Yôji, son mari.

Derrière la petite camionnette stationnée, il y a un autre bâtiment que Kayoko a baptisé « l'atelier du miel ». « Bonjour ! » ai-je appelé. Elle a sorti la tête du petit bâtiment, le visage éclairé par un sourire amical.

« Je me demandais si vous n'aviez pas oublié. D'ailleurs, j'aurais aussi bien pu vous l'apporter ! » dit-elle en agitant la main pour m'inviter à entrer.

La récolte semblait achevée en grande partie, et sur la table de la petite fabrique étincelaient des pots en verre d'une belle couleur dorée. Chaque bocal recevait la lumière qui pénétrait par la fenêtre et resplendissait. Une douce odeur flottait dans la pièce, le liquide transparent et dense était si beau que je n'ai pu retenir un cri d'admiration.

« Quelle transparence ! Le miel est couvert d'or !

— C'est qu'il est pur. Attendez un peu, je vais ranger la table. »

La couleur du miel diffère en fonction des fleurs que les abeilles ont butinées. Jaune foncé pour le miel de colza, blanc crémeux pour le miel d'acacia, paraît-il. J'apprenais ainsi de la bouche de Kayoko les différences de nuances.

Le miel jaune clair qui remplissait les bocaux était le miel de saison, butiné à partir du trèfle. J'aimais la densité du miel d'acacia, mais il me faudrait sans doute patienter un peu.

« Un pot de deux kilos, ça vous va ?

— Oui.

— C'est un peu lourd pour rapporter chez vous, non ?

— Ne vous inquiétez pas, j'ai ce qu'il faut. »

En même temps, j'ai donné un coup sur mon sac à dos que je n'avais pas défait. Ce sac rouge foncé est un élément de ma tenue élégante sur l'île. J'en ai plusieurs, rouge, bleu, beige clair, tous mis en valeur par le vert de la forêt.

Kayoko a enfermé dans un sac de supermarché le bocal rempli de miel qui pesait son poids, tout en disant : « Vous tombez bien, j'étais en train de me dire que c'était le moment de faire une tasse de thé. » Dès qu'un visiteur se présente à l'atelier, elle se met à préparer le thé, quelle que soit l'heure. C'est une des raisons qui me font venir à l'atelier Ochi.

C'est généralement du thé anglais qu'elle sert, sans doute parce qu'il s'harmonise bien avec le miel. Il lui arrive de me le faire goûter pour me demander ce que j'en pense. Comme le thé est destiné à un usage précis, Kayoko choisit soigneusement les feuilles en fonction de leur harmonie avec le miel, et elle l'achète sur Internet chaque mois. Le breuvage est toujours parfumé et d'une saveur délicate.

« L'autre jour, j'ai vu un arbre qui ruisselait ! » a annoncé Kurata d'une grosse voix, tout en faisant tranquillement son apparition à travers le bois de bambous, alors que j'étais en train de mettre le linge à sécher. « Vous vous rendez compte, un arbre qui ruisselle !

— Qui ruisselle, comment ça, qui ruisselle ? » Je ne revenais pas de ma surprise, et Kurata a entrepris de m'expliquer ce qu'il en était. Quelques jours plus tôt, il avait profité de la cueillette des pousses de bambou pour couper quelques arbres qui gênaient le passage dans la bambouseraie. Au matin, il avait remarqué que les arbres étaient tout mouillés bien qu'il n'ait pas plu.

« Ça alors ! Ce n'est pas tout bonnement un effet de la rosée nocturne ? » En même temps, j'ai enfilé mes bottes à la hâte et je l'ai suivi, pour découvrir au milieu des bambous plusieurs arbres couchés. Les troncs à côté étaient tout mouillés, coupés à une trentaine de centimètres du sol, et l'eau dégoulinait sans bruit le long de l'écorce. A cause de ce liquide transparent, l'écorce, rugueuse comme la peau d'un éléphant, semblait à vif.

J'ai approché la main, le tronc mouillé était aussi froid qu'un sol gelé. Il m'a semblé que les arbres versaient des larmes, mais j'ai gardé cette impression pour moi.

Je faisais ainsi toujours un petit rapport à Kayoko une fois que je m'étais calée sur un tabouret dans l'atelier. C'est aussi à elle que j'ai dévoilé pour la première fois mon intention de vivre pendant quelque temps dans la péninsule. Elle m'a dit alors : « J'ignore vos raisons, mais après tout, la maison est à vous, vous n'avez qu'à y rester autant qu'il vous plaira, ne faire que ce que vous avez envie de faire, et quand vous vous sentirez libérée, rentrez à Tôkyô. Une chose cependant que je veux que vous sachiez, c'est que même si tout vous semble idéal, les désagréments ne manquent pas ! »

Ces paroles sincères m'ont fait du bien. Ici aussi, il y avait des difficultés, des discordes. Dans le hameau aussi. Ce que Kayoko voulait dire, tout simplement, c'est que le paradis n'existe nulle part.

« Les arbres qui ruissellent ? Ah oui, je sais, Kurata m'en a parlé, mais vous savez, il n'y a rien là d'extraordinaire.

— C'est malin ! Vous aussi, vous étiez au courant ! » ai-je dit, légèrement déçue.

Le miel artisanal connaissait un grand succès dans le voisinage, et les gens venus s'installer dans le coin venaient très souvent. Kurata aussi. Le jour où il avait apporté des pousses de bambou, elle lui avait servi une tasse de thé, et c'est à cette occasion qu'il lui avait parlé des arbres mouillés.

« C'est la première fois que je vois ça, j'étais stupéfait, des arbres qui absorbent l'eau et la recrachent, ce n'est pas ordinaire, non ? »

Kayoko avait admis calmement le fait, tout en versant soigneusement de l'eau chaude sur les feuilles.

« A mon avis, ça doit être l'arbre qui s'appelle *mochinoki*, qui est une sorte de thuya. Je ne me rappelle pas exactement, mais il y a de ça quelques années, en été, j'ai vu ces arbres dont le tronc était traversé par de l'eau, on aurait dit une averse. Ils étaient plantés dans les rigoles des rizières, et on entendait nettement le bruit de l'eau qu'ils aspiraient. C'était comme si le sol lui-même chantait.

— Des arbres qui boivent de l'eau, on dirait un film d'épouvante !

— Lorsque les hommes ont soif, ils se désaltèrent, non ? Eh bien, les arbres font la même chose. Quand il ne pleut pas, ils mettent toutes leurs forces à absorber de l'eau. »

Kayoko connaissait bien les arbres de la forêt et elle m'étonnait toujours par ses connaissances. Je n'en revenais pas de tout ce qu'elle savait sur les différentes baies, celles qui étaient comestibles ou non. Quand je me promenais avec elle, soudain elle s'écriait, ça c'est délicieux, la bouche violette de mûres, quand elle n'était pas barbouillée par le jus rouge des arbouses ou des fraises des bois acidulées.

Vêtue d'une salopette, une serviette blanche autour du cou qui portait la marque d'un magasin quelconque, Kayoko vivait dans le vieux hameau, mais quelque chose en elle la distinguait des autres habitants. Sans doute parce qu'avant son mariage, elle avait habité à Tôkyô. Elle m'avait parlé une fois de sa rencontre avec son mari, Yôji, qui travaillait alors dans une entreprise de céramique et vivait seul à Fuchû dans un logement réservé aux employés. Kayoko habitait dans la même ville avec sa mère et travaillait dans le secteur de la métallurgie à Tôkyô.

« De métallurgie ? »

Je n'arrivais pas à faire le lien entre Kayoko, si menue et gracile, et la métallurgie, si bien que je n'ai pu m'empêcher de la regarder des pieds à la tête sans la moindre retenue.

« Mais oui. C'est mon oncle qui m'avait recommandée, lui-même habitait dans un lotissement destiné aux ouvriers. C'était une petite société qui fabriquait des boulons et des vis, et quand il y avait beaucoup de travail, j'apportais mon aide pour la vérification des pièces, pour le nettoyage aussi. J'ai appris à faire beaucoup de choses, à l'origine, je suis une femme de fer, moi ! » a-t-elle lancé d'un air espiègle en pouffant de rire.

Je n'en revenais pas, ignorante que j'étais des motivations qui avaient fait de « la dame de fer » l'épouse d'un fabricant de liquide adipeux. Kayoko, intriguée à son tour de me voir rester la bouche ouverte, a poursuivi :

« La société qui m'employait était au bord de la faillite. J'ai été la première à être renvoyée, évidemment, en tant que femme. Je rongeais mon frein, pleine de dépit et de rage. C'est en courant le long d'un remblai de la rivière Tama que je l'ai rencontré… »

Quand Kayoko parle de son mari, elle a toujours un air joyeux.

« A ce moment-là, alors que je courais la rage au cœur, lui aussi était écœuré par les relations humaines qui prévalaient dans la compagnie où il travaillait. Apparemment, il hésitait entre retourner près de ses parents ou rester à Tôkyô. A force de nous croiser tous les matins, nous avons fini par échanger un salut et… disons que nous étions tous les deux des coureurs au cœur blessé ! »

Quoi, la dame de fer et le coureur de marathon au cœur meurtri ? Je comprenais maintenant, et je lui ai demandé s'ils continuaient à courir ensemble.

Elle a agité en l'air ses bras frêles en riant avant de me dire, non, évidemment.

« Je n'ai pas le temps ! M'occuper des ruches me prend toute la journée. Il faut aussi surveiller la source du miel, le champ de trèfle, vous savez bien ! »

En effet, c'est près d'un champ de trèfle que nous avions lié connaissance. Un certain printemps, quelques années après avoir construit la maison de la presqu'île, j'avais fait venir de sa province d'Aichi ma mère qui était alors encore valide, et nous avions fait ensemble une promenade. Nous étions sur un chemin que je n'avais jamais emprunté, dans l'intention de descendre jusqu'à l'estuaire.

J'ai poussé un cri, croyant découvrir la mer devant moi, mais c'étaient des rizières en terrasses. Le trèfle était en pleine floraison, c'était comme si les rizières étaient couvertes d'un tapis rose. Alentour, une forêt de chênes-lièges inclinés. Qu'il y ait ainsi au fond d'une forêt des rizières ! Je ne trouvais pas de mots, je me suis contentée de crier à ma mère : « Regarde, regarde ! »

Près de la maison de mes parents aussi, il y avait une ferme qui cultivait du trèfle. J'allais souvent m'amuser dans les champs en pente douce d'une belle couleur rose, je faisais des bouquets ou j'en mettais dans mes cheveux. Les feuilles délicates, les petites fleurs ensommeillées. Mes chevilles étaient prisonnières des racines qui s'entortillaient. Comme à l'époque je ne savais pas que le trèfle était un trésor servant d'engrais et de pâturage, je croyais qu'un amoureux des fleurs venait semer des graines. Un beau jour, le champ de trèfle s'est retrouvé transformé en un lotissement de maisons neuves.

« Ça faisait longtemps que je n'avais pas vu un aussi grand champ de trèfle, a dit ma mère.

— Oui, ça rappelle des souvenirs. »

Toutes les deux, nous avons continué à bavarder en regardant le champ en pente. Si on y prêtait attention, on voyait partout les abeilles voler. Le bruissement léger de leurs ailes établissait une correspondance avec les ruisseaux à nos pieds et les pétales roses.

Le frémissement à peine perceptible emplissait pourtant les oreilles, j'avais le dos tourné au champ, quand d'un côté du chemin est apparu un haut mur de pierre, et nous sommes arrivées devant une vieille demeure à moitié dissimulée par la forêt. C'était la seule maison. Nous avons fait le tour du côté sud, tout étonnées de trouver là une habitation. Un vieux portail était ouvert et nous avons pu apercevoir le bois fendu de la porte d'entrée ainsi que le sol en terre battue. Le grand toit de tuiles était à moitié détruit et les murs s'effritaient. Ces murs de torchis en piteux état complétaient l'aspect de la maison qui était de guingois. Ce devait être une ferme abandonnée depuis longtemps.

C'est ma mère qui a remarqué dans le vaste jardin un alignement de boîtes en grand nombre. Certaines étaient l'une sur l'autre. Elles étaient légèrement plus petites que les boîtes qui servent à entreposer les feuilles de thé.

« Qu'est-ce que ça peut bien être ?

— En tout cas, c'est impressionnant. On va jeter un coup d'œil ? »

Au moment où nous allions franchir le seuil, une voix forte nous a arrêtées.

« Non, n'entrez surtout pas ! Il y a des ruches ! »

Une femme frêle mais élancée s'est avancée vers nous à grands pas. Elle m'a paru un peu plus jeune que moi. Une salopette avec un chemisier écossais à manches longues, chaussée de bottes, la tête couverte d'un chapeau avec un voile qui lui descendait jusqu'au menton. Des gants de caoutchouc, et par-dessus des manchettes blanches qui couvraient le coude. Les yeux que l'on apercevait à travers le voile étaient grands et vifs. Nous restions plantées là et elle a mis ses bras en croix pour nous signifier l'interdiction d'entrer, avant d'expliquer d'une voix adoucie : « Vous comprenez, les abeilles risquent de piquer des inconnues, alors, faites attention ! »

J'ai dit en riant : « Cette fois-là, vous nous avez rudement fait peur !

— Moi aussi, vous savez, j'ai eu peur. Parce que très souvent, les gens paniquent à la vue des abeilles, et elles qui sont paisibles d'habitude deviennent agressives dès qu'on cherche à les chasser à grands gestes. Il arrive qu'elles attaquent en groupe. S'il se trouvc quelqu'un d'allergique, c'est toute une histoire. On peut mourir si on joue de malchance. Vous voulez essayer une fois de vous faire piquer, pour voir ? »

Nous avions souvent l'occasion de réitérer notre première rencontre, et à chaque fois, nous discutions en toute familiarité, avec des rires. Je ne sais pas ce qu'il en est pour Kayoko, mais pour ma part, si je l'ai aimée tout de suite, c'est parce que quelque chose en elle me rappelait Nanako, mon amie qui était morte. Elle qui avait dit qu'elle voulait en finir avec « son travail de merde », son expression sincère et farouche se superposait avec le visage de Kayoko nous réprimandant, ma mère et moi, et chaque fois que je venais dans la péninsule, mes pas me conduisaient tout naturellement à l'atelier du miel.

Aux dires de Kayoko, chacune de ces boîtes contenait un essaim, et entre dix à vingt mille abeilles au moins allaient et venaient, voire trente à quarante mille dans certains cas. Les ruches que j'avais vues dans le jardin de la maison en ruine étaient bien au nombre de cinquante, si bien que si ma mère et moi étions entrées par inadvertance, nous aurions pu être attaquées par un bataillon d'un million d'abeilles !

Le champ de trèfle que nous avions vu en chemin était loué par le couple pour nourrir les abeilles, des fermiers du coin en étaient propriétaires. Quant à la maison délabrée, elle appartenait à des gens partis s'installer en ville, qui la leur louaient à l'année. Comme il n'y avait aucune autre habitation alentour, l'endroit était parfait pour y installer des ruches. Les abeilles que nous avions aperçues dans le champ de trèfle faisaient sans doute partie d'un essaim de l'atelier Ochi. Il paraît que d'aucuns comparent à un « opéra grandiose » le bruissement des ailes des abeilles qui forment un gigantesque essaim, dont nous n'avons malheureusement pas pu nous approcher. Seuls sans doute le connaissent ceux qui sont concernés par le miel. Kayoko fait tout le temps des allées et venues entre sa maison et la ferme en ruine. A quoi peut bien ressembler le frémissement des ailes ?

Le couple n'a pas d'enfants. Quant à leurs goûts, ils m'ont raconté un détail amusant : s'ils sont tous les deux apiculteurs, Kayoko aime les abeilles japonaises, tandis que son mari a une préférence pour les abeilles d'origine occidentale. Celles-ci ayant l'habitude de se déplacer pour butiner d'un champ à un autre, Yôji installe les ruches dans un camion et, du printemps à l'été, il parcourt tout le Japon à la recherche de fleurs pour ses abeilles. Les abeilles japonaises restent groupées et butinent sans opérer de choix, ce qui permet à Kayoko de s'occuper seule des ruches en l'absence de son mari. C'est le moment où elle extrait en silence le miel et confectionne dans l'atelier l'épais liquide qu'elle répartit dans des bocaux. La plupart du temps, c'est elle qui répare les machines en panne ou les outils cassés.

« Vous savez, les machines, c'est comme les animaux, à force de les manier, elles comprennent ce qu'on dit. Cela fait une vingtaine d'années que je fais du miel. Alors, je me sens moi-même une abeille ! dit Kayoko en riant. Pour moi, Tôkyô est depuis longtemps dans le brouillard. Le bruit et la trépidation, ce sont les abeilles qui me les procurent, et c'est exactement comme si je me trouvais au milieu d'un carrefour! »

Je ne connais rien aux différentes espèces, abeilles japonaises ou autres, mais l'atelier est parfumé à longueur d'année d'une odeur suave, comme la lampe merveilleuse d'Aladin.

Le miel de trèfle que Kayoko m'offrait chaque fois que je séjournais dans la presqu'île me durait six mois, même si je l'utilisais sans parcimonie. Ces deux kilos de suc de trèfle que les petites abeilles avaient récolté… Chaque matin, j'en prends une cuillère et je me tartine un toast. J'en mets dans les yaourts. Je m'en sers pour épaissir des sauces. Et toujours, dans un coin de ma tête, apparaît ma première vision des ruches et du champ de trèfle, et j'entends le frémissement de l'air qui vibre des battements des ailes des abeilles qui se croisent avec frénésie.

On compare parfois les bourreaux de travail à des abeilles butineuses, mais à la différence des êtres humains, elles travaillent sans relâche, avec pour seul repos deux mois d'hiver pendant lesquels elles n'ont pas besoin de beaucoup remuer, et il paraît qu'elles ne vivent que cinq mois environ. La reine a pour tâche de s'accoupler avec les mâles pour pondre en une journée deux mille œufs, et quand elle a rempli sa mission, une autre reine lui succède. Les mâles donnent leur vie pour féconder la reine et les autres abeilles n'ont rien à voir avec la copulation et elles ne font que s'épuiser au travail, à la recherche des fleurs à butiner. Puis elles meurent avec discrétion, sans laisser de regrets.

« Quelle détermination! Consacrer sa vie à l'accomplissement de sa mission! » Je ne cachais pas mon étonnement.

Féconder, pondre, travailler, leur brève existence se résumait à cela. On ne pouvait pas trouver plus simple ni aussi sobre. Nous autres êtres humains ne saurions imaginer une telle vie, prisonniers que nous sommes de nos désirs, de notre soif d'aimer, de nos passions. Une telle façon de vivre serait-elle le symbole de l'absence de désir et du désintéressement absolu ? Ce système impossible à mettre en pratique pour l'homme qui ne peut oublier la jouissance de l'amour charnel était le soubassement de la vie de Kayoko et de Yôji.

« Dites-moi, est-ce que la femelle choisit le mâle avant de copuler ? Par cxemple, elle peut préférer un macho ou bien ne pas vouloir si sa tête ne lui revient pas, que sais-je ? « Kayoko s'est contentée de hausser les épaules. « Figurez-vous que je n'ai jamais réfléchi à la question. Car enfin, le destin des abeilles est de laisser au monde la génération suivante et je suppose qu'aucun choix ne précède l'acte, ça doit se faire plus ou moins comme ça se trouve ! » Sans chasteté ni fidélité, alors ? Kayoko m'a regardée avec commisération. « Mais enfin, il n'y a que les hommes pour avoir des considérations morales ! Vous y êtes ? Il y a la reine des abeilles. Les mâles s'agglutinent autour. C'est tout. Inutile de chercher plus loin, l'ordre de la nature est simple. »

Si on est confiant parce que la reine est vigoureuse, voilà que pour une raison ou une autre, l'essaim disparaît en une seule nuit, mais quand on regarde avec attention, on s'aperçoit qu'une nouvelle reine est née. D'où vient le nouvel essaim qui pénètre dans la ruche vide, semblable à une fumée noire ? A force de suivre des yeux leur vol et de tendre l'oreille pour percevoir le bruit des ailes, vingt ans ont passé, m'a dit Kayoko.

« J'ai beau être en contact permanent avec les abeilles, je ne rencontre que des énigmes. Tout ce que j'ai réussi à comprendre, c'est qu'elles sont pleines d'intelligence et d'indépendance. Tant la reine que les faux-bourdons ou les ouvrières, toutes savent dès la naissance le rôle qui leur est imparti. Quand on pense à l'être humain!... Je me demande vraiment quelle volonté les anime. Savez-vous qu'elles régulent elles-mêmes la température de la ruche ? Quand il fait chaud, elles agitent leurs ailes sans arrêt pour aérer les œufs, s'il fait froid, elles s'agglutinent en bouclier autour d'eux pour les protéger en sorte qu'ils ne meurent pas. Et ce, vingt-quatre heures sur vingt-quatre en plein hiver, sans le moindre répit! Je les admire. Elles savent aussi quand la mort approche. Peut-être sont-elles fières de mourir après l'accomplissement de leur mission. Mais vous savez... » Ici, l'expression de Kayoko s'est assombrie. « Depuis quelque temps, il n'y a pas que des morts naturelles. Un mystère de plus! »

Il y a quelques années, il paraît que l'atelier du miel avait vu disparaître plusieurs milliers d'abeilles japonaises. Un hélicoptère avait épandu un nuage d'insecticide, et à cause du vent, le produit avait couvert une surface plus étendue que prévu. Certes, c'était une explication plausible. Mais comme les abeilles ne parlent pas, un doute subsistait, et on était bien obligé de se contenter de croire que l'insecticide était seul responsable.

« Au moment où apparaissent les punaises des bois, c'est plus fort que moi, je me contracte. Mais je ne peux pas non plus empêcher l'hélicoptère d'intervenir à cause de nous, certains agriculteurs en ont besoin, alors évidemment... » a expliqué Kayoko en secouant la tête d'un air soucieux.

C'était justement la saison où les punaises allaient faire leur apparition, ces insectes qui répandent une odeur nauséabonde difficilement supportable si on a le malheur de les toucher.

Depuis lors, je ne vais plus dans le champ de trèfle. J'aimerais bien entendre « l'opéra grandiose », mais je refuse de mourir sous l'attaque d'un essaim. Il y a une raison plus profonde, c'est qu'à présent je vois à travers le miel la destinée fragile et éphémère des abeilles butineuses qui ne vivent que quelques mois. L'image de la petite cellule où la reine ne cesse de pondre ses œufs me traverse l'esprit, ces œufs tout blancs qui sortent du ventre gonflé en une douloureuse procession.

La reine qui a pondu tous les jours, les ouvrières qui ont récolté le pollen ne sont plus de ce monde depuis longtemps. Le doux frémissement des ailes au-dessus du nectar doré, la silencieuse solitude qui permet d'entendre la musique des ailes, les alvéoles de forme hexagonale de ces abeilles qui donnent leur vie et dont les dépouilles gisent pêle-mêle, me mettent dans un état fébrile. C'est pour cela que je ne veux pas gâcher une seule goutte de ce bienfait du matin.

Dans la pièce résonnait doucement une musique, un disque dont Kayoko elle-même a fait la compilation. La chanson de John Lennon *Imagine*, *Après un rêve* de Fauré, *Rêve d'amour* de Liszt, *Sillage dans le ciel* de Matsutôya Yumi, *Le beau Danube bleu* de Strauss. Ce disque qui réunissait sans distinction musique pop et musique classique m'agaçait.

« Si vous faisiez un peu le tri ?…

— Non, c'est bien comme ça, parce que ça met les abeilles de bonne humeur. Vous ne me croyez peut-être pas, mais le miel est plus sucré », a déclaré

Kayoko d'un air tout à fait sérieux. Ce miel épais que j'absorbais contenait apparemment la musique qui imprégnait les murs. Lennon, Fauré, Liszt, l'extrait sonore avait pénétré le miel.

Que la compilation de Kayoko emporte ou non l'adhésion, ses choix montraient d'éclatante façon qu'elle était pour la paix dans le monde, et d'un tempérament romantique.

Sur la table, deux grandes tasses de thé fumaicnt. Ce jour-là, Kayoko avait cueilli des feuilles de menthe qu'elle cultivait devant le jardin. Une seule suffisait pour donner au thé un parfum de fraîcheur. Comme d'habitude, nous avons versé une grande quantité de miel dans nos tasses. Tout en buvant, Kayoko a dit :

« Le trèfle est bon, l'acacia aussi, mais un jour, je vous offrirai le meilleur miel du monde. Je ne peux le récolter qu'une fois, au bout de plusieurs années. Il a le parfum de la forêt que vous aimez, vous pouvez déjà vous réjouir à l'idée d'y goûter.

— Du miel de forêt ?

— C'est ça. Du miel de forêt. C'est un miel tout à fait spécial, entièrement pur et dense, d'une densité incomparable ! » Elle appuyait sur les mots.

La forêt.

Il me suffit de prononcer ce mot pour avoir l'impression de rencontrer l'inconnu. Quand je me lève le matin et que j'ouvre les volets pour découvrir le ciel tout bleu, je connais une joie sans mélange. La certitude que je vais pouvoir me promener en forêt me fait sauter de joie.

Il m'arrive parfois de marcher en compagnie de Kayoko, mais je ne peux pas lui faire souvent partager mes promenades, occupée qu'elle est à veiller sur ses abeilles. De plus, mieux vaut pénétrer seul dans la forêt. Car le silence est souvent plus fécond que l'échange de propos. A se laisser emporter par la conversation, on risque de perdre de vue l'essentiel.

Je suis toujours seule quand je fais des découvertes. L'année dernière, j'ai trouvé sur un gros tronc un nid de pics épeiches. Toutes les questions que je me posais jusque-là ont trouvé sur-le-champ leur réponse, un peu plus et j'éclatais de rire. Tôt le matin, en effet, j'entendais un bruit léger qui ressemblait à des coups frappés sur un arbre. Comme c'était un phénomène quotidien, je me demandais qui pouvait bien planter des clous à une heure si matinale. C'était le bruit que faisait l'oiseau en cognant son bec sur le tronc à la recherche d'insectes.

J'étais seule encore lorsque j'ai découvert au cours d'une promenade des cocons sauvages. Dans un coin de la forêt, les grappes pendaient, accrochées à un mûrier. Les grains étaient vert clair et on pouvait d'abord penser que c'étaient des gousses de pois. Si j'ai tout de suite compris que c'étaient des cocons, c'est grâce à un éleveur que j'étais allée voir pour un travail il y a une quinzaine d'années dans la province de Gunma.

Les cocons que l'on peut voir à ce moment de l'année sont en général percés de petits trous, car les chenilles qui se sont muées en papillons déchirent leur chrysalide en s'envolant.

Je ramassais ces cocons sauvages vidés de leur substance et j'alignais les grappes sur une étagère devant l'entrée de la maison. Dans l'instant, la petite entrée devenait une partie de la forêt, et il me semblait que moi qui habitais cette maison, je faisais partie de la forêt.

Ce n'est pas seulement les êtres vivants, animaux ou autres, qui peuplent la forêt. La forêt est en permanence pleine de présences invisibles. L'air bleuté par exemple, la fine brume du matin, les fumées blanchâtres qui s'élèvent on ne sait d'où. Parfois, des choses plus mystérieuses, l'odeur des bactéries ou des microbes. Celui-là seul qui a l'habitude de marcher dans les bois est capable de déceler cette odeur si ténue, si délicate.

Différente de l'odeur d'humus, différente du lichen, différente encore de la sève des arbres. Bien sûr, ce n'est pas non plus l'odeur des produits fertilisants ni celle des pesticides. Pour tenter de trouver une correspondance avec une couleur, c'est une odeur gris-bleu. Légèrement argentée, douce et fraîche.

Avide de respirer cette odeur, je laisse généralement la porte d'entrée ouverte quand je suis ici, ainsi que la baie vitrée de la véranda. A travers la moustiquaire, l'air passe dans des directions qui varient selon les jours.

Dans la presqu'île, jamais je ne ferme la porte à clé. A l'intérieur, un vieux modèle de télévision, un petit réfrigérateur à deux portes, un canapé qui vient de chez ma mère et dont les ressorts ont perdu leur vigueur, une table et des chaises bancales, sans oublier des fripes et une vieille bibliothèque, ainsi que quelques dizaines de livres. A supposer qu'un cambrioleur s'introduise, il n'aurait que déception. La seule chose que je ne voudrais pas voir disparaître, c'est l'ordinateur dont je me sers pour mon travail, échange de courriels entre autres, mais pour le reste, je n'aurais aucun regret.

Parfois, ma sœur et ma mère me reprochent mon imprudence, mais je me contente de répondre que la vie enfermée à double tour, porte métallique et double vitrage, c'est bon pour Tôkyô. Ecoutez plutôt le chant du rossignol ou de l'oiseau à lunettes, le bruit du vent et le frémissement des feuilles, la mélodie de l'eau qui traverse le marais ! Ne dirait-on pas un coup de balai magique ?

Sarasara, sawasawa, sôsô, sayusayu, suyusuyu, sayo... Non, décidément, laisser ici les portes et les fenêtres fermées, ce serait un péché !

J'arrête ici mon sermon. Après, je murmure des choses pour moi-même.

... Et ce n'est pas tout. Respirez un peu le parfum de l'air, les yeux fermés. Je crois tout simplement que c'est l'odeur des bactéries qui se propagent dans le sol. Vous me suivez ? Il n'y a ni homme ni femme. Il n'y a que des réunions et des séparations. Et pourtant, cela répand un parfum érotique. Tout pousse librement, aucune odeur de pourriture. Rien à voir avec l'odeur de l'être humain. Eh bien moi aussi, je veux vivre et me développer ainsi…

Le chat aussi adorait la forêt. A travers l'interstice d'une moustiquaire, il décidait du chemin à prendre et il disparaissait et revenait plusieurs fois dans la journée. Quelque chose qui s'était tenu au calme dans la vie en appartement se montrait au grand jour, et il se mettait au mode de vie des chats en liberté. Sans doute était-il bien plus au fait que moi des transformations incessantes de la vie de la forêt.

Moi qui ai grandi dans une région parfaitement plate, une plaine située à zéro mètre au-dessus du niveau de la mer, j'ai cru jusqu'à mon entrée au jardin d'enfants que le sol s'étendait à l'infini sans le moindre relief.

Bientôt, j'ai appris l'existence de l'horizon, de l'altitude, et quand j'ai su écrire le mot *toge*, « col », j'ai compris qu'il y avait sur Terre autre chose que des plaines. J'ai appris qu'il y avait des prairies en altitude, que des lignes sinueuses signalaient sur les cartes, ainsi que des montagnes. Mettant de côté le plaisir de l'observation des cartes, j'ai atteint ma vingtième année sans savoir ce qu'était une forêt, ne connaissant que les plateaux. La pensée ne me quittait jamais que vivre dans une plaine était le comble de l'ennui.

C'était toujours dans une forêt que les choses se passaient dans les histoires. La forêt où on enlevait les enfants, qui regorgeait de fées, de sorcières, de fugitifs. Ogre et ogresse, reine des Neiges. Ma prédilection allait aux contes de Grimm que me lisait souvent ma grand-mère. Le petit Chaperon rouge qui se faisait manger par le loup, Raiponce qui avait été enfermée dans une tour, Jeannot et Margot que leurs parents avaient abandonnés et dont la rencontre avait lieu dans une maison de biscuits en forêt. Dans une autre forêt, Blanche-Neige poursuivie par une marâtre vivait avec des nains, ailleurs encore, une princesse dormait en attendant le Prince charmant.

Comme la forêt était envoûtante !

Les bois étaient pour l'enfant que j'étais un lieu plein d'aventures et de surprises. En même temps, même si on s'y égarait, la règle voulait qu'on puisse un jour trouver la sortie. Dans leur innocence, les enfants y croyaient. Comme Jeannot et Margot, à condition de surmonter les épreuves, on ferait la découverte d'un nouveau moi, d'un nouveau bonheur. La reine des Neiges, la Belle au bois dormant finissaient par rencontrer le Prince charmant (par la suite, je me suis demandé pourquoi tous les Princes charmants sans exception marchaient dans la forêt ; bien plus tard encore, je me suis aperçue de leurs intentions secrètes) et tout le monde trouvait à la fin le bonheur. Les contes avaient toujours les mêmes préceptes : rester vigilant, prendre son mal en patience, être sage et obéissant, et le Prince viendrait un jour.

J'ai demandé à ma mère qui se tenait à mon chevet :

« Dis, pourquoi il n'y a pas de forêt ici ? N'est-ce pas qu'il n'y a pas de forêt ? »

Alors, elle a répondu :

« Mais si, il y en a. Les arbres qui entourent le sanctuaire. Sans oublier le bois qui est là pour protéger les dieux tutélaires. »

Ça ne méritait pas le nom de forêt, tout ça ! Des arbres maigrichons par-ci par-là ! Comment y aurait-il des Princes charmants dans des endroits pareils !

Quoi qu'il en soit, la forêt était un monde d'une autre nature, infiniment loin de la plaine. De toutes les pages des contes s'élevait une brume de frayeur empreinte d'un charme irrésistible.

Les forêts des histoires de mon jeune âge étaient étayées par les rêveries candides de l'enfance, mais si, une fois adulte, l'attrait puissant et l'intime proximité que j'éprouvais à l'égard des forêts ne se sont jamais éteints, c'est parce que j'ai compris que là se trouvait le jardin secret des femmes. C'est grâce à une romancière française que je l'ai découvert. Je ne me souviens plus à quel livre correspond tel ou tel passage, mais voici à peu près ce qu'elle dit. Voyons, que j'essaie de me rappeler…

… Oui, au Moyen Age, les hommes étant toujours absents, partis à la guerre ou ailleurs, les femmes étaient contraintes de rester seules au village. Elles passaient des mois et des mois dans leurs cabanes à la lisière de la forêt. Leur solitude est difficilement imaginable. C'est le désarroi et l'angoisse qui expliquent leur recours à la nature pour apaiser leur cœur. Comment ne pas parler avec les arbres, les plantes, les animaux sauvages ? Parfois, elles écoutaient la voix des arbres et des plantes, elles ramassaient des herbes médicinales et apaisaient la souffrance de leurs blessures, corps et esprit confondus. S'unir avec la nature pour adoucir la solitude est depuis la préhistoire un moyen de ne pas se perdre. Que pouvaient-elles faire d'autre, dites-moi un peu ? Elles en avaient assez des tueries. Dans la forêt, elles se sentaient à l'abri, une force mystérieuse les protégeait. Voilà ce que les femmes croyaient, dans leur naïveté et leur endurance. Mais des hommes sont apparus, qui ont organisé leur chasse en alléguant que ces femmes qui confectionnaient des potions étaient des sorcières qu'il fallait détruire, et elles ont été brûlées vives. Des milliers, des centaines de milliers de femmes ont péri ainsi… Quelle horrible chose ! Quelle injuste tragédie ! C'est ainsi que la chasse aux sorcières a commencé. L'animisme ou les croyances locales ne sont pas à mettre en cause. Toutes ces femmes ne désiraient que trouver la paix dans la nature !

La forêt est un refuge, une forme d'abri. Les douces feuilles servent de lit, il suffit de chercher un peu pour découvrir de la nourriture. Sans doute ont-elles de temps à autre confectionné des vêtements en déchirant l'écorce des arbres. La forêt où on ne connaît pas la faim était un précieux garde-manger, véritable trésor de la vie quotidienne. Moi qui étais persuadée que la forêt était un lieu pour les hommes qui la parcouraient munis d'outils et d'armes, un lieu créé pour les hommes qui portaient dans leur pantalon un objet mystérieux, j'ai vu en lisant ces livres les bûchers où les flammes dévoraient les femmes, j'ai entendu les cris de ces amoureuses de la forêt. Encore maintenant, quand je marche en forêt, j'entends les voix de ces femmes, qui me disent : « Ne crains rien, car c'est ici un endroit fait pour nous ! »

Cependant, nous ne sommes plus au Moyen Age. Même si subsistent encore certaines croyances liées aux plantes médicinales, il ne se trouve pour ainsi dire personne pour aller en cueillir, la plupart des femmes n'ont plus aucune familiarité avec la forêt. Particulièrement celles qui ont fait des grandes villes leur refuge. Je sais de quoi je parle, puisque moi-même j'étais l'une d'elles hier encore.

Dans les appartements ou les maisons où la vie quotidienne est facile, on est entouré de béton et de grilles. Un pas dehors et le nécessaire est à portée de main, dans le quartier commerçant tout proche. En plus, tout est propre. Les toilettes, les bains publics, désinfectés, désodorisés, sont ancrés dans ma tête comme une chose qui m'appartient. Seul vagabond dans ce monde aseptisé, le cafard peut-être.

La forêt où pullulent les parasites inconnus et les bactéries, où on risque de rencontrer des serpents et des blaireaux, voire des sangliers, présente une face totalement opposée à l'hygiène et à l'artifice qui sont la règle des métropoles. C'est précisément cette sauvagerie que seule la forêt possède qui en a fait un lieu très éloigné des bienfaits qu'elle procurait au Moyen Age. La forêt n'est plus le refuge qui sauve celui qui s'y est égaré, il se trouve même des gens que cette terre humide tue, vaincus par l'épaisse obscurité des arbres, les cris des animaux nocturnes.

L'image d'une femme me traverse l'esprit. Je ne l'ai jamais rencontrée, mais dans la forêt, son souvenir m'apparaît tout à coup.

Cette femme a vécu ici pendant un certain temps. Dans le lotissement des « Lis des sables ». Quand je prends l'autobus qui fait l'aller et retour entre les résidences secondaires et la ville où je vais faire mes achats, je peux voir sur la droite des maisons à vendre, construites sur un flanc de montagne aménagé. La superficie du lotissement n'est peut-être pas aussi grande que la nouvelle ville de Tama à Tôkyô ou encore les HLM de Takashimadaira, mais ici, on considère l'endroit comme un quartier destiné aux nouveaux venus dans la région. Plusieurs dizaines de maisons neuves se serrent les unes contre les autres sur le versant de la montagne qu'on a aplani. Elles se ressemblent toutes, avec leurs toits de tuiles orangées genre Europe méridionale, leurs murs tout blancs et leurs balcons en bois. Les murs en terracotta sont à présent d'une couleur un peu moins vive, mais au début de la mise en vente, ce devait être un lotissement plein de charme, un charme venu d'ailleurs.

Ce qu'on m'a raconté, c'est l'histoire d'une femme mariée venue d'une grande ville habiter une de ces maisons.

Au fait, qui m'avait parlé d'elle? Je me rappelle, c'est un chauffeur de taxi que je connaissais. J'étais assise à l'arrière. Tout en conduisant, il jetait des regards sur le quartier des Lis et il s'est mis à me raconter avec lenteur:

« Vous voyez ce lotissement? Figurez-vous qu'il y a une femme d'Osaka qui est restée à peine un an! Vous comprenez, ici, il n'y a aucun endroit où se distraire. Il n'y a pas beaucoup d'habitants non plus. Il paraît que le calme environnant lui faisait peur. En plus, dans ces maisons, on peut entendre toutes les conversations des voisins, le bruit de la chasse d'eau, le son de la télévision, la musique, même les gens qui toussent ou qui ont le hoquet. Eh bien, la femme en question, elle en a presque perdu la raison… Son mari l'emmenait jouer au golf, ou faire un tour, ce qui fait que j'ai souvent eu l'occasion de les conduire, des collègues aussi, mais la dame devenait de plus en plus bizarre. Ce n'est pas seulement les bruits que faisaient les voisins qu'elle entendait, non, elle entendait des choses dans sa tête, comment dire, ah oui, comme des hallucinations auditives, oui, c'est ce qui a fini par lui arriver. Finalement, ils sont retournés à Osaka et il paraît qu'elle a dû être hospitalisée. »

J'ai poussé une exclamation de surprise, mais le chauffeur a poursuivi sans y prendre garde :

« Tomber malade à cause du silence ! Eh oui, ce sont des choses qui arrivent !

— Elle devait se sentir isolée, sûrement, ai-je dit, avec l'impression d'avoir frôlé l'une de ces femmes du Moyen Age abandonnées en forêt, qui s'était métamorphosée. Dans le même temps, tout comme l'écrivain français qui avait relié entre elles la forêt et les femmes, je me suis demandé ce qui se serait passé si la femme du quartier des Lis avait pu se familiariser avec la forêt pleine de richesses. Si elle avait eu à ses côtés la forêt, la forêt capable de parler avec les arbres, les animaux, le vent... peut-être n'aurait-elle pas ressenti cette solitude...

Mais j'imagine un autre scénario. Cette femme devait être habituée depuis longtemps à un refuge solide qui la mettait à l'abri du danger. Et la peur l'avait sans doute empêchée de pénétrer dans la forêt, cet endroit mystérieux dont on ne connaît pas les limites. Peut-être aussi n'aimait-elle pas particulièrement les oiseaux ni les arbres. Le calme qui s'étendait autour d'elle, autour de ses journées qu'elle passait toute seule, avait pris la forme d'un abîme. Son organisme accoutumé au vacarme des grandes villes n'avait pas réussi à s'accoutumer au silence de l'endroit.

Le calme qui imprègne les endroits au bord de la mer, surtout si une forêt les entoure, est d'une nature particulière. Il m'est arrivé à moi aussi d'être surprise par le retentissement de marteaux-piqueurs provenant de lointains terrains en construction. Les voix humaines aussi, pour peu qu'on parle fort, s'entendent jusqu'à plusieurs maisons de distance. Sans oublier le haut-parleur de la ville qui diffuse des informations matin et soir, et dont l'écho retentit dans tout un quartier du littoral. L'environnement avait eu raison d'elle. La voix d'un tiers qu'on n'a pas envie d'entendre. Celle du mari de la maison voisine qui réclame le dîner. Elle avait peut-être aussi été choquée d'entendre les gémissements amoureux ou les scènes de ménage. Certains soirs, elle avait dû supporter les cris d'un sanglier pris au piège quelque part au fond de la forêt. Peu à peu, elle en était arrivée à ne plus discerner la provenance des voix, c'était comme si elles venaient du plancher, des murs, du plafond. Les médisances, les reproches, les plaintes, la tristesse, la colère, les cris… Les voix, les voix, les voix, toutes les voix innombrables qui jaillissaient comme de la mousse de l'intérieur d'elle-même, elle qui était en passe de devenir folle.

Pour être sauvée, elle n'avait eu d'autre solution que de retourner dans son abri, dans l'immense ville assourdissante, dont seul le vacarme était capable de neutraliser les voix des autres. J'étais dans le cas contraire, j'avais éprouvé la nécessité de fuir les autres, la vitesse, et j'étais venue sur la presqu'île pour vivre pleinement dans la lumière et l'animation de la nature qui ne cesse de traverser les vingt-quatre heures d'une journée. Je n'ai pas pu m'empêcher de murmurer : « Pauvre femme, comme elle a dû être malheureuse ! »

Aujourd'hui, tout en montant et descendant la colline dans la lumière de l'estuaire que j'aperçois par moments au-delà des arbres au bord de mes cils, voilà que je découvre un massif d'azalées de couleur pâle.

Une partie de la forêt où s'entremêlent les chênes-lièges laisse passer par places les rayons du soleil, si bien que les azalées ont étendu largement leurs racines. Leur couleur indécise comme le visage d'un enfant au réveil fait son apparition dans la forêt de l'été qui commence.

Je regarde une nouvelle fois autour de moi, et je remarque des azalées qui présentent leurs formes vagues à l'abri des herbes basses et des bambous *sasa*. En comparaison du rouge violacé des rhododendrons, leur floraison plus tardive est discrète et sobre. Au moment où les rhododendrons ont depuis longtemps perdu leur éclat, les fleurs modestes fleurissent, puis se fanent en répandant une sorte de liquide visqueux.

La forêt, à cause de cette couleur, semble parée d'un léger sourire. A la fois nonchalant et plein de douceur. Entre les arbres, sur le sol aussi, des êtres vivants se meuvent. Aux chants du rossignol et de l'oiseau à lunettes se mêle, à peine perceptible, le bruit des ailes des abeilles. Serait-ce les abeilles de l'atelier Ochi ? Sachant que l'activité des ouvrières s'étend sur une circonférence de deux ou trois kilomètres, je pouvais en déduire que le bourdonnement venait bien de ce côté.

Je prête régulièrement l'oreille aux bruits de la forêt et je respire l'odeur fraîche qui émane du feuillage. Sur le calendrier de la semaine dernière, il y avait la mention *shôman*, ce moment où la nature semble prendre son élan. Quand on arrive à la fin du mois de mai, plantes et arbres se mettent à pousser d'un seul coup ensemble. A Tôkyô, j'utilise un calendrier de douze mois, mais ici, j'en ai accroché un au mur qui met en valeur les vingt-quatre moments des saisons de l'année. Chaque mois est divisé en deux avec une couleur différente. En petites lettres, on indique les particularités de chacune des saisons et ce qu'il convient de faire. Par exemple :

Entrée dans l'été. Tailler les arbres à fleurs. Mettre en terre les bulbes et les plants. Semer les graines des fleurs annuelles. Mettre en terre les boutures. Cueillir les haricots, les asperges, les pousses de poireaux. Planter les aubergines, les tomates, les poivrons.

Shôman. A Kagoshima, les hortensias sont en fleurs. Deutzias, azalées satsuki, triolets fleurissent. Belles-de-jour, belles-de-nuit, crêtes-de-coq. Semer les graines des plantes annuelles, les graines des plantes vivaces, campanules, guimauves. Cueillir les haricots, les fraises.

Comparé au calendrier qui divise les douze mois en trente ou trente et un jours, celui qui répartit les périodes de l'année en vingt-quatre saisons donnait du relief à la monotone répétition quotidienne et me causait une légère excitation. Ces saisons qui arrivaient tous les quinze jours étaient comme des gares où on montait et descendait. Telle petite gare montrait soudain son visage quand on sentait le changement de l'air.

C'est monsieur Tachibana, l'artisan spécialiste de la coloration naturelle, qui m'a fait connaître l'existence de ce calendrier à l'ancienne.

« Avec ce système, on sait tout de suite quand telle ou telle plante fait son apparition. Si je jette un œil à la date de l'équinoxe de printemps, je peux voir mentionnés la chicorée et le cerfeuil ou encore les prêles. C'est bientôt le moment, me dis-je, et je vais dans les champs, ce qui me permet de préparer les teintures de printemps. Quand cette période est passée, c'est la saison des cerisiers. Bien sûr, je me prépare à aller admirer les fleurs, mais c'est aussi un moment privilégié pour arracher l'écorce des jeunes branches, que je fais bouillir et qui me permet d'obtenir des décoctions. Le terme *koku u* est joli, vous ne trouvez pas ? Le sens littéral est « pluie pour les céréales ». Il suffit de voir les *kanji* pour comprendre que c'est le moment de l'année où la pluie se met à tomber pour permettre aux cultures de pousser. Quand la période *bôshu* arrive, on sème des graines d'indigotier et de garance. Vous savez, il paraît qu'on peut écrire le premier caractère du mot avec le *kanji* qui signifie « occupé », oui, qui se lit *isogashii*, « affairé, débordé », tout un programme en somme ! Il faut désherber… Bref, c'est l'un des moments de l'année où on ne sait plus où donner de la tête. Tout cela pour vous expliquer que nous autres, ce n'est pas sur douze mois que nous fonctionnons, mais bien sur vingt-quatre saisons ! Ces divisions à l'ancienne sont pour nous un guide précieux. »

Quand j'étais à Tôkyô, j'ignorais jusqu'à l'existence d'un tel calendrier.

En ajoutant les phases de la lune et les marées, on pouvait embrasser d'un seul coup d'œil le mouvement de la planète. Quel était le moment favorable pour aller sur la plage ramasser les coquillages, quelle heure convenait pour se promener la nuit à la pleine lune, quel mois et quel jour se prêtaient à la fertilisation, aux semences, à la cueillette, aux récoltes… Il suffisait de regarder le calendrier pour que les champs, les montagnes, la mer s'animent d'une intense présence.

Une autre fois, Tachibana, décidément fervent adepte des vingt-quatre saisons, m'a dit :

« On parle souvent de ce qu'on gagne à développer ses cinq sens, n'est-ce pas ? Eh bien, moi, ces derniers temps, je me demande si, en fait de cinq sens, l'homme n'en possède pas plutôt vingt-quatre ! Le toucher, l'ouïe, la vue, l'odorat, le goût, c'est par trop rudimentaire et je ne peux pas m'empêcher de trouver le raisonnement simpliste. Pour vous donner un exemple, il y a par ici beaucoup de paulownias et de châtaigniers, eh bien, d'ici une quinzaine de jours, on pourra différencier l'odeur des fleurs. Les fleurs sont les mêmes, pourtant leur odeur change. Tiens, aujourd'hui, l'odeur est forte, et si je sais que les fleurs ont commencé à pourrir, je crois que c'est parce qu'une sensibilité plus subtile vient jouer son rôle. Selon la température, l'humeur du jour, l'odeur que mon odorat perçoit change en fonction des sensations de mon organisme. Figurez-vous que j'ai lu dans un livre que l'homme possédait douze sens ! Mais vous savez, quand on organise sa vie sur la base de vingt-quatre saisons, il me semble que c'est encore trop peu et je me demande si l'organisme humain n'est pas tout bonnement articulé sur vingt-quatre sensations qui se déclineraient de quinze jours en quinze jours. »

J'adhérais sans réserve à cette façon de voir les choses. « Quand il fait frais, le parfum des fleurs devient pénétrant, entêtant même, et les jours ventés, c'est comme si les arbres embaumaient. Après tout, il est bien possible que le côté sauvage de l'homme se manifeste, n'est-ce pas ? Au fait, les roses ont pris une teinte plus foncée depuis une quinzaine de jours. Je ne connais pas exactement les nuances des vingt-quatre saisons, mais quand je suis ici, je me rends compte que quelque chose à l'intérieur du corps est en mouvement. Le corps humain est véritablement d'une richesse prodigieuse !

— Qui oserait prétendre le contraire ? Le rôle de la sensibilité est indéniable, et il y a sans aucun doute quelque chose dans le fonctionnement de l'organisme qui ne donne pas prise au raisonnement. »

A présent que les plantes accéléraient leur croissance, l'atelier Tachibana devait être rempli de jeunes feuilles destinées à la teinture. Et entre les murs, des molécules de toutes sortes de sensations, venues des vingt-quatre saisons, imprégnaient le corps des Tachibana, à travers les décoctions en ébullition. A seulement imaginer l'activité de ces particules invisibles, le désir montait en moi de m'approprier une partie de cette sensibilité, fût-elle infime.

Je ne m'occupe du jardin que de façon capricieuse, mais il était grand temps d'arracher les mauvaises herbes qui avaient poussé. Gare à celui qui laisse échapper le moment ! Car alors il faudra les déraciner. Pour les herbes récalcitrantes, j'utilise une serpe. Mais il arrive qu'il faille avoir recours à la pioche et au râteau. Les sensations changeraient-elles tous les quinze jours en fonction de la croissance des herbes ? Si c'est le cas, l'homme est assurément un être vivant doué d'une sensibilité infiniment complexe.

Demain, je vais sûrement me précipiter dehors. En effet, j'ai trouvé, en me promenant dans la forêt, des biwas sauvages qui avaient déjà pris couleur. Depuis plusieurs jours, une image restait rivée dans mon esprit, qui me voyait habillée de lainage parsemé de biwas. Je comptais aller les cueillir sans attendre. Demain sans doute, ils ne seraient pas encore picorés par les oiseaux.

Dans un coin de ma tête, les biwas qui commencent à mûrir, le duvet blanc, la couleur vivace des fruits dont on enlève la peau, l'odeur fortement sucrée qui monte. A l'instant même, j'ai eu conscience que les parois mêmes de mon cerveau vibraient intensément, décuplant mes sens et dévoilant un autre moi, un moi au visage de fauve.

Un marais d'environ cent trente mètres carrés.

J'en étais venue un jour à appeler « mon marais » l'espèce de surface humide à l'abandon qui se trouvait juste en bas de la maison. Quand j'ai acheté ce terrain d'un peu plus de deux cents mètres carrés et construit l'habitation, il était couvert de bambous *sasa*, de carex et de roseaux, et le sentier conduisant à l'estuaire était une trace peu distincte. A présent, le marais et le sentier qui serpente au milieu des champs possèdent des contours nets, mais à l'origine tout était envahi de mauvaises herbes et d'arbres de toutes sortes, et personne ne savait exactement ce qu'il y avait ni où ça se trouvait.

Quand la configuration du terrain en bas de la maison est devenue évidente, il y avait déjà longtemps que je quittais Tôkyô tous les trois ou quatre mois pour venir dans la péninsule. A chacun de mes passages, je mettais tout mon acharnement à arracher les herbes et tailler les arbres. Mon obstination a été récompensée: de l'eau jaillissait et à l'endroit que couvrait le pont Yukio, j'ai remarqué des rigoles naturelles. Qu'est-ce que je vois, l'eau passe par ici! Mais alors, c'est un chemin qui était emprunté! Il mène à l'estuaire! Je n'en revenais pas de ma découverte.

Peut-être dois-je me féliciter de n'avoir pas pu travailler de façon continue, d'avoir manqué de temps. Car généralement je ne pouvais déblayer qu'une surface équivalant à un tatami environ, réservant la suite à mon prochain séjour, mais cette fois-là, je suis allée de découverte en découverte.

La principale raison qui m'avait poussée à vouloir acquérir le terrain faisant suite à la maison, même si j'ignorais qui en était le propriétaire, c'est que je voulais améliorer la vue qu'on avait de la véranda, obstruée par toutes sortes d'arbres, des bambous *sasa* qui faisaient près de deux mètres de haut, sans parler des carex et des verges d'or qui envahissaient tout.

Un jour, vêtue de mon habituel tablier de travail, manches longues, jean usé, chaussée de bottes, les mains protégées par des gants de caoutchouc, une serpe bien aiguisée à la main, j'ai pénétré dans le terrain marécageux. La vase était profonde, je trébuchais et j'ai failli me retrouver le derrière par terre.

Comme depuis plusieurs années j'arrachais sans me décourager carex et roseaux, le paysage qu'offrait le marais s'était bien amélioré. Mais deux tiers étaient encore couverts d'herbes de toutes sortes. Tout en me disant qu'il me serait impossible d'en venir à bout pendant mon séjour, j'ai envers et contre tout déraciné les uns après les autres carex et massettes.

C'était juste la période qui précède les congés de la *golden week* du mois de mai, et le temps était magnifique. Là où j'avais arraché les herbes, une eau peu profonde brillait. La vase était épaisse, une odeur agréable montait des endroits désherbés, de la forêt s'élevait sans discontinuer le chant des rossignols.

Impossible de faire tout par moi-même à la manière de Henry David Thoreau. La lecture des notes qu'il a réunies dans *Walden ou la Vie dans les bois* permet de se faire une idée de la vie qu'il menait sans l'aide de personne, à défricher la forêt où il s'était construit une cabane, mais pour moi qui avais pris l'habitude de la vie citadine, m'occuper de plusieurs dizaines de plants par jour était le maximum que je pouvais mener à bien, et encore. Quant aux arbres, le mieux que je pouvais faire, c'était un par jour. S'il m'arrivait de négliger de venir pendant plusieurs mois, ma déception était grande à la vue des mauvaises herbes qui envahissaient les endroits que j'étais censée avoir dégagés. Je revenais à la case départ. Mais je ne pouvais par pour autant baisser les bras. Je m'encourageais à aller de l'avant. A chaque fois, j'étais saisie de l'envie de me mesurer à l'énergie de la grande nature, à sa vitalité primitive.

Quelques minutes plus tard, j'ai interrompu le mouvement de ma serpe en criant de surprise. A l'endroit où je venais d'arracher plusieurs racines de carex, une masse noire était apparue, quelque chose comme une corne.

J'ai regardé avec attention en me demandant si c'était l'extrémité d'une grosse tuile ou une poterie cassée.

Jusque-là, les objets les plus divers étaient sortis d'entre les herbes du marais. J'ignorais par qui et quand avaient été jetées toutes ces canettes de bière vides ou de jus de fruits. Il y avait aussi beaucoup de bouteilles d'eau. Des sacs en plastique ayant contenu de l'engrais, des morceaux de tringles à rideaux, des tubes de pâte dentifrice, des bouts de caoutchouc de talons de chaussures, des roues de poussette. Les débris étaient en lambeaux, rouillés, visiblement le temps était passé sur eux. Les regrouper au même endroit, les déposer le jour de ramassage des ordures faisait partie du travail de désherbage.

Quand on avait construit les maisons du voisinage, les ouvriers des chantiers avaient-ils jeté tout cela sans y penser ? A l'origine, c'étaient des terrains recouverts de hautes fougères et de bambous nains, où la route prenait fin. Qu'on jette des boîtes ou des bouteilles, la terre et la boue viendraient finalement tout recouvrir. Personne ne viendrait protester. Quoi d'étonnant qu'on ait raisonné de la sorte ?

La chose noire et pointue qui saillait de la vase devait faire partie de ce genre de déchets. C'est en tout cas la première idée qui m'est venue.

Comme l'objet était gênant, j'ai continué à creuser et je me suis aperçue que ce qui m'avait semblé l'extrémité d'une grosse tuile décorative me disait quelque chose. Les contours qui sont apparus, galbés, étaient profondément enfouis dans le marais et s'évasaient en dessinant un V. J'avais beau tirer de toutes mes forces, la masse ne bougeait pas d'un millimètre.

« Mais, mais c'est un bateau ! » Malgré moi, j'ai poussé un cri de surprise.

Le fond devait être pourri depuis longtemps. Pourtant, la partie émergeant de la vase avait conservé sa forme d'origine. Au fur et à mesure que je dégageais l'endroit à l'aide de ma pelle, les contours se sont précisés peu à peu. Deux mètres de long environ. Ce n'est qu'une approximation, car le bateau était presque entièrement enfoui dans la vase. Au premier coup d'œil, on voyait que le bois était de qualité, le travail des détails soigné. Ce que j'avais d'abord pris pour une tuile semblait être une sculpture en bois destinée à orner la proue.

Cela avait les dimensions et la forme d'une barque. Je ne sais plus quand au juste, j'avais vu dans un restaurant près du port de plaisance de Hayama une barque en bois de teck qu'on avait mise là en guise de décoration. Le bois était d'une belle couleur de miel, avec une brillance raffinée. Mais ici, on était comme au fond d'une vallée en pente. Si la mer n'était pas loin, il n'y avait pas pour autant de port de plaisance. Qu'était venu faire ce bateau dans un endroit pareil?

Quelqu'un d'une résidence secondaire avait-il jeté ici cette embarcation désormais inutile?

La moitié était vermoulue, et si l'avant s'était conservé, c'était parce que le bois avait été exposé à la sécheresse du vent et au soleil. Seule la partie qui n'avait pas été enfouie dans la vase devait avoir préservé sa forme originelle. En regardant attentivement, la décoration qui ornait la proue ressemblait à la tête d'un cormoran noir.

Une dizaine d'années ont passé. L'avant de la barque dépasse toujours de l'eau, en plein milieu du marais. Mis à part les fossiles et les coquillages, c'est un objet perdu enveloppé de mystère. Si on pousse dessus de toutes ses forces, il bouge légèrement, mais ne semble pas vouloir se briser. L'avant de la barque est juste à la bonne hauteur pour y appuyer le bas du dos.

Depuis cette découverte, c'est de là que mes yeux font le tour du marais. Comme un marin qui examine la forme d'un banc de poissons du haut de son bateau. Et je dis: « Visibilité parfaite. A bâbord, toute! A tribord, toute! »

Les mauvaises herbes et les arbustes de toutes sortes qui proliféraient ont presque disparu. A la place, quand vient le mois de mai, les iris violets ou jaunes, ceux qui présentent des pétales mouchetés se mettent à fleurir, l'été voit fleurir les *hangeshô*, avec leurs feuilles qui se partagent le vert et le blanc.

Ce terrain sauvage que j'ai laissé longtemps sans y toucher, voilà qu'il s'est métamorphosé ! Les iris jaunes sont un cadeau de monsieur Mochizuki qui vient de temps en temps d'Osaka. Il est arrivé un jour à l'improviste et m'a dit : « Plantez donc ça. Je les ai pris dans une rizière près d'ici. Vous verrez, les fleurs sont d'un jaune intense ! » Et il m'a tendu des plants dont l'eau dégoulinait encore. Il n'y en avait que quelques-uns, mais ils se sont développés immédiatement et donnent tous les ans des fleurs à longue tige. Les autres fleurs, que j'ai achetées chez un horticulteur du coin, ont couvert le marais avant que j'aie eu le temps de m'en apercevoir.

La proue de la barque pointe vers le ciel, au milieu de toutes ces plantes aquatiques. Un oiseau parfois repose ses ailes et pousse un cri strident. La pointe du bateau s'est parfaitement intégrée au paysage.

Ce ne sont pas seulement les gens qui deviennent nos amis. D'année en année, la proue du bateau s'est réchauffée en moi, et de la même manière que le pont Yukio, elle a fini par me devenir indispensable. Je m'étonnais presque que ce ne soit pas un être vivant.

L'intimité que je ressens à l'égard du bateau m'a amenée à échafauder à ma guise des histoires tandis que je restais à le contempler. Les détails variaient à chaque fois et je prenais plaisir à faire évoluer « l'histoire du bateau ».

Voyons, quel scénario vais-je bien pouvoir imaginer à propos de l'embarcation mystérieuse ?

Il y a de cela vingt ans peut-être, voire beaucoup plus longtemps, un bateau avait été abandonné. Un homme l'avait déposé là (enfin, je suppose que c'était un homme), après avoir eu un mal considérable à le placer sur une voiture, puis il l'avait extrait du véhicule, toujours avec peine. J'ignore s'il avait agi seul ou avec l'aide de quelqu'un. Si on observe le marais d'en haut, on dirait une petite vallée. La surface est recouverte au premier plan de fougères d'un vert intense. Le canot, comme s'il brisait les fougères, avait chuté dans la vallée marécageuse avec un craquement violent.

En jetant son embarcation, l'homme avait renoncé à la vie qu'il menait jusque-là, sa vie en mer. Longtemps, il avait aimé son bateau. Mais quelque chose avait eu lieu qui l'avait empêché de le garder. Sans doute aurait-il pu songer à le vendre, mais, n'est-ce pas, il lui était si familier, il s'en était servi si longtemps. Il préférait autant que possible s'en débarrasser par lui-même. Il avait déjà décidé de l'endroit. S'il le laissait sur la plage, il y aurait tout de suite une de ses connaissances qui viendrait lui dire : « Mais c'est ton bateau, non ? » Par hasard, il connaissait un endroit au fond de la forêt, semblable à une vallée.

Il ne pouvait pas imaginer que de longues années plus tard, une femme d'âge mûr ferait construire là une maison, retournerait la vase et découvrirait la barque.

Quel sentiment animait l'homme quand il s'était séparé de son bateau ? La tristesse, ou bien la colère à l'idée d'avoir à accomplir cette lourde tâche ? Rien ne l'empêchait d'abandonner la barque sur la plage. Il aurait pu tout aussi bien en faire l'emblème de sa maison, la mettre en décoration dans une pièce ou sur le balcon, comme je l'avais vu faire dans le restaurant de Hayama. Mais il ne l'avait pas voulu ainsi, il avait voulu ensevelir le bateau, qui avait fini par devenir un élément du marais…

Bien plus tard, j'ai raconté à Kayoko les circonstances qui m'avaient fait découvrir le bateau, elle ignorait tout de sa présence dans le marais.

« Ça alors ! Une barque dans la vase !

— Je n'arrive pas à m'expliquer comment elle a pu arriver là.

— Vous savez, rien ne résiste à une volonté aveugle ! »

Kayoko ne prenait pas l'histoire au sérieux.

« Les fossiles, les ruines, finissent ainsi par montrer leur visage, dans des endroits perdus. La vieille barque en a fait autant.

— Mais comme vous l'avez découverte, ce n'est plus un vestige oublié.

— Au contraire ! Pour moi, cela reste une épave. Mais vous savez, quand je la regarde un long moment, je finis par lui trouver une sorte de caractère, je sens comme une personnalité qui l'habite. Qu'est-ce que ça peut bien être, cette impression ? En tout cas, je ne peux pas rester indifférente. »

Tout en parlant, l'idée me vient que cette chose est originaire de la mer. Mon esprit est traversé par les êtres qui viennent de la mer et empruntent les sentiers à travers champs. Dans mon imagination, un autre scénario s'ébranle lentement.

Une barque à moitié détruite se fraye un chemin à travers le petit estuaire oublié en direction du marais délaissé. Les herbes se couchent sur son passage. Comme elle est sans fond et sans mât, elle ne peut que se dresser sur ses propres forces. Chaque soir, la barque progresse un peu. Les sentiers à travers champs sont comme une rivière imaginaire. Bientôt, le bateau parvient au marécage et il se laisse tomber de tout son poids… Pour ne plus jamais se relever. Il faudra de longues années, de longs mois avant qu'il ne pourrisse. Il s'en réjouit. Puisqu'il a fini par arriver jusqu'ici, il veut jouir un moment du contact de l'eau…

Si je raconte ça à madame Kawahara, elle pouffera de rire. « C'est magnifique de pouvoir ainsi faire évoluer les choses par le pouvoir de l'imagination ! Les choses de la mer viendraient dans la montagne ? C'est possible, ça ? » Son rire fuse.

Cela m'était égal qu'on se moque de moi. Je voulais m'approprier le bateau avec le marais tout ensemble. Sans doute ne sortirait-il jamais plus de l'eau car la source qui alimentait le marais jaillissait à longueur d'année. Sa proue émergeant de la vase recevait le soleil, et il continuerait à vivre encore longtemps.

C'est il y a trois ans que j'ai appris à qui appartenait ce marais d'environ cent trente mètres carrés. Le directeur d'une agence immobilière que je connaissais est venu un jour par hasard et il m'a vue en train d'enlever les herbes du marais : « Ça alors, voilà ce qu'est devenue la rizière ! Le jour et la nuit, dites-moi ! » Je n'ai rien trouvé à dire sur le moment, inquiète que j'étais à l'idée d'encourir le reproche de m'occuper d'un terrain qui ne m'appartenait pas. Mais je voulais en profiter pour savoir à qui était ce marais sur lequel avaient été plantés des iris sauvages et d'autres fleurs encore. Et voilà mon homme qui laisse tomber tout de go :

« Ce terrain ? Figurez-vous qu'il m'appartient, tout bonnement !

— Comment, il est à vous ?

— Eh oui. Mais on ne peut rien en tirer. J'avais le projet de le combler pour aménager une route, des égouts, et d'en faire un lotissement, mais ça ne se vend plus. Je vais laisser les choses en suspens un certain temps, en attendant que la situation s'améliore. »

Ainsi donc, on avait formé le projet de combler le marais pour en faire un terrain à bâtir. Puisqu'il avait été acquis par une agence immobilière, c'est qu'on avait calculé qu'on pouvait miser dessus. Le projet tenait-il toujours bon ? Les paroles de l'homme m'avaient causé un léger choc, mais je n'en ai rien laissé voir et j'ai demandé d'un air dégagé :

« L'ancien propriétaire est quelqu'un du coin ?

— Si je ne me trompe, le terrain a d'abord été vendu à X, puis il est passé en d'autres mains, quant à moi, je l'ai acheté au fils de B. Toutes les rizières par ici appartenaient à tel ou tel, mais les gens sont morts, et comme les héritiers ont un autre travail, il n'y a plus personne pour cultiver les rizières. Par-dessus le marché, tout est tellement en friche à présent qu'il n'y a rien d'autre à faire que de laisser tout en l'état ! »

L'homme qui avait abandonné là son bateau, était-ce le fils de B ? Ou encore B en personne ? A moins que, oui, c'était peut-être A ? Les questions que je me posais étaient sans réponse.

Au bout de quelque temps, j'ai acheté les cent trente mètres carrés du marais. Car enfin, rien ne m'assurait que le directeur de l'agence immobilière ne reviendrait pas à son projet initial si l'économie redémarrait ! Alors, la barque sur laquelle je m'appuyais, les iris, les fleurs, l'eau de source, tout disparaîtrait sous la terre dont on couvrirait tout.

Sans que j'en comprenne la raison, au marais est venue s'ajouter une colline boisée. Le directeur m'a expliqué qu'il ne pouvait pas séparer les deux et il m'a demandé de les acheter en même temps. Un peu plus de trois cents mètres carrés plantés de chênes-lièges, aulnes, ormes… Bref, je faisais l'achat d'un terrain de cinq cents mètres carrés environ. Je me suis endettée.

Je ne savais pas exactement si c'était cher ou non. Tout comme j'avais fait construire ici parce que les falaises m'avaient séduite, sans trop réfléchir, la même impulsion me faisait agir.

Ma mère, ma sœur, mes amis, tous restaient bouche bée. On m'a criblée de reproches.

« Acheter un marécage, où as-tu la tête ? Tu ferais mieux de penser à tes vieux jours. »

« Moi, avec cet argent, je ferais le tour du monde ! »

« Pour le moment, cela t'amuse d'y aller de temps en temps, de bricoler. Mais dans dix ou vingt ans, tu verras, ce sera pour toi une charge encombrante ! »

Ils avaient sûrement raison. Seulement moi, j'étais envoûtée. L'argent, si j'avais la santé, j'étais en mesure de le rembourser. J'allais travailler davantage. Je n'achetais pas de vêtements. Je n'ai jamais aimé aller au restaurant, faire le tour du monde ne m'intéressait pas. Si la nécessité s'en faisait sentir, je deviendrais une femme habitant dans le marais ou la forêt en compagnie de son chat. Même si j'étais acculée à vivre dans les champs ou dans la montagne, je me débrouillerais bien pour me nourrir.

Ail sauvage, prêles, aralies sauvages, pousses de bambou, cerfeuil, patates douces, pétasites, séneçon, cresson, biwa, raisin sauvage, fraises des bois, trèfle, châtaignes, kakis…

J'énumérais à l'envie tout ce qui me passait par la tête, autant de choses simples qu'on pouvait trouver ici sans avoir besoin de chercher. Les champs donnaient des légumes et des fruits en abondance. En allant jusqu'à l'estuaire, les crabes s'accrochaient partout sur les falaises. Les petits coquillages *asari* se montraient tant et plus si on les cherchait sur la plage, algues et poissons en veux-tu en voilà. Je vivrais de la terre. J'irais dans la mer. Je deviendrais pêcheur et chasseur, j'apprendrais à pêcher à la ligne, à cultiver la terre. Quelle vieillesse luxueuse !

Je me prenais à rêver. Le luxe peut prendre plusieurs formes. Mon luxe à moi, c'était de posséder le reste d'une barque enfouie dans une terre qui ne servait plus à rien. C'était d'éprouver du plaisir à toucher de mon corps la proue du bateau dont la tiédeur se transmettait à mes fesses et à mes hanches. Pour posséder une chose dont je n'avais pas besoin, j'avais emprunté de l'argent, mais cette acquisition m'apportait une joie que je n'avais pas escomptée. Ce qui me réjouissait le plus, c'était de pouvoir planter à ma guise, sans avoir à me gêner, autant d'iris et de plantes aquatiques que je voulais. Les fleurs aux feuilles vertes et blanches qui commençaient à devenir le symbole même du marais, j'allais les multiplier autant que bon me semblait.

Il y avait aussi les tortues. Des dizaines de ces tortues *kusagame* peuplaient le fond du marais. Sans doute vivaient-elles ici dès l'origine. J'en voyais souvent en allant dans la forêt, qui se mouvaient lentement près du pont Yukio. Une famille était montée à l'extrémité de la barque, dont le bois était sec, et l'endroit semblait avoir plu à tout le monde, si bien qu'elles avaient fini par y pondre leurs œufs. Les familles grises ne fuyaient pas à mon approche. Collées au bois du bateau que chauffait le soleil, elles semblaient dire : « Tu peux toujours essayer de nous faire peur, pas question de bouger ! » Ainsi, je pouvais veiller sur ce qui était devenu le balcon de prédilection de la gent cuirassée.

Une autre fois... C'était un soir de pleine lune après la pluie. J'ai vu la proue de la barque qui semblait vouloir s'approcher de la lune pour la rejoindre.

Dans le halo de la lune qui se reflétait sur l'onde, la proue a bougé, j'en suis certaine. Le reflet qui scintillait à la surface de l'eau en ondulations brillantes dessinait exactement une barque avançant sur la mer. Comme peu de personnes me croiront, je garde ce secret pour moi.

Si je ne tiens pas de journal, en revanche, j'inscris des choses sur le calendrier des vingt-quatre saisons, en petites lettres. Le travail que j'ai accompli dans la journée, en me rappelant au fur et à mesure certains détails. Ce que je note me servira sûrement l'année prochaine. Autant dire que je consigne avec minutie pour ne pas oublier.

Ajouté de la terre autour des plants d'iris. Préparatifs avant la saison des pluies (quand il y a de fortes pluies, la surface du marais subit des dommages, et il est bon de remettre de temps en temps de la terre).

Fait de la confiture avec les fraises des bois trouvées au sommet de la colline. Première récolte de l'année.

Le soir, tantôt je regarde la télé, tantôt je parcours les livres que j'ai apportés de Tôkyô. Les mots que je lis en luttant contre le sommeil sont comme l'eau d'un ruisseau, ils glissent sur les parois de mon cerveau sans que j'en saisisse le sens. Et le livre me tombe bien vite des mains.

Beaucoup de livres sont restés pêle-mêle à l'intérieur d'un carton, sans que je les aligne sur une étagère. Tous sont des livres que je me promets de relire un jour. Un recueil de poèmes de Kaneko Mitsuharu, une compilation des fêtes et des rites annuels, plusieurs volumes de haïkus (ils serviront sans doute quand ma mère sera là), quelques livres de reproductions de tableaux que je n'ai jamais regardés vraiment. Des livres de cuisine, des livres de poche de toutes sortes.

Je m'étonne moi-même de la quantité de livres contenant des photos que je sors des cartons, des livres pleins de blancs. A peine quelques volumes remplis de texte imprimé serré. Les journées que je passe dans la péninsule sont comme les blancs de ma vie. J'en ai par-dessus la tête des journées remplies du matin au soir de choses à faire. Je voudrais ici autant que possible vivre des journées en blanc. Rejeter les idées compliquées qui déteignent sur ce blanc. Cette prise de conscience m'a sans doute fait choisir des livres aérés.

Comme j'ai diminué mon travail, vérifier le contenu de mon courrier électronique m'est devenu fastidieux. Une fois tous les deux jours au mieux, je fais l'effort d'ouvrir mon ordinateur. Un message dans lequel une amie de lycée m'annonce sa venue à Tôkyô, un autre qui me demande des précisions concernant la rémunération d'un travail, un autre encore qui me demande un court texte. De mon frère, ce message : « Je compte sur toi pour maman. » Cela veut dire que ma mère viendra à la fin de la semaine. Il s'en remet à moi pour tout.

J'ai éteint l'ordinateur, la lumière du séjour, et je me suis dirigée vers ma chambre. Le chat était depuis longtemps ramassé en boule sur mon édredon. J'aurai beau lui donner une petite tape ou tirer sur ses moustaches, il ne se réveillera pas.

C'est la même chose pour moi. Je n'arrivais pas à m'endormir à Tôkyô, ici, est-ce parce que je passe mes journées dehors, le sommeil vient au bout de quelques secondes, un sommeil dense comme le miel.

Bonne nuit, mon félin. A demain.

Sans qu'on ait le temps de s'en apercevoir, les semences de graminées avaient pris fin, et selon l'ancien calendrier, on était entré dans la saison des pluies. Pourtant, le ciel continuait d'être limpide et d'un beau bleu. De temps à autre passaient de gros nuages, qui s'en allaient bien vite.

Je mettais au soleil futons et couvertures, sur la balustrade de la véranda. J'avais plein de choses à faire avant l'arrivée de ma mère. Le lit était déjà installé. J'ai disposé aussi un pot de chambre, car elle ne pouvait pas se lever la nuit pour aller aux toilettes.

Il me restait à prendre la navette pour aller acheter des produits alimentaires qui commençaient à manquer. Je devais sortir des placards des serviettes de toilette neuves, un chapeau de soleil, les vêtements qu'elle utiliserait. Une journée suffirait.

Depuis que la maison était construite, ma mère était devenue l'une des personnes, elles n'étaient pas nombreuses, qui venaient régulièrement me tenir compagnie sur la presqu'île. Tous les ans, au printemps et à l'automne, pour peu que je lui fasse signe, elle accourait. Si ma mère venait, ma sœur qui travaillait dans une société à Osaka arrangeait son emploi du temps pour venir aussi passer quelques jours. Ces derniers temps, nous avions plus souvent l'occasion de nous rencontrer ici que chez ma mère. Pour nous, c'était aussi une façon déguisée de nous retrouver pour prendre soin d'elle.

Ma mère avait commencé à avoir de la difficulté à marcher il y a cinq ans : on avait découvert une grosseur maligne, qui n'atteint qu'une personne sur vingt mille, elle avait été opérée et on l'avait amputée de la jambe droite. Elle était alors âgée de quatre-vingt-trois ans. Avoir perdu une jambe signifiait qu'elle ne pourrait plus marcher. C'est ce que nous pensions après l'opération, sans toutefois y faire allusion. Sans doute resterait-elle grabataire pour le restant de ses jours, avant que le pire ne se présente au bout de quelques années. Nous nous préparions au jour fatal, qui nous semblait proche.

Mais voilà qu'elle s'était miraculeusement remise. Sans doute grâce à sa persévérance innée, qui l'avait empêchée de renoncer à la rééducation. Deux heures de marche chaque jour, des exercices destinés à affermir les muscles de ses bras qui devraient supporter un corps qui ne répondait plus. Mon frère qui est kinésithérapeute avait aussi contribué à la rapidité de son rétablissement. Grâce à ses soins minutieux, une prothèse réalisée à la perfection était devenue la nouvelle jambe droite de ma mère. Si elle avait perdu en vitesse, elle était arrivée à se déplacer en poussant elle-même son fauteuil roulant.

Pendant les deux ans qu'il avait fallu attendre pour que la blessure cicatrise complètement, ma mère n'avait pas quitté la maison d'Aichi. Sans doute ne voulait-elle pas exposer aux regards son corps mutilé. Elle répugnait même à rencontrer ses amis proches.

Ses seules sorties consistaient en promenades près de la maison, qui étaient aussi de la rééducation. Les jours de pluie, elle remuait à tour de rôle sa jambe artificielle et l'autre, la gauche, et elle pédalait doucement sur l'appareil installé dans la salle de séjour.

Chaque fois que nous la voyions ainsi, nous n'échangions aucun propos, mais chacun avait la même pensée : plus jamais notre mère ne reviendrait dans la maison de la péninsule. C'était trop loin, et elle n'avait plus la même énergie qu'autrefois. Voyager était hors de question. Cependant, la vitalité de ma mère dépassait largement notre imagination, tant pour son rétablissement physique que psychologique.

« La semaine prochaine, je vais dans la péninsule, mais toi, je suppose que tu ne pourras pas venir ? » ai-je lancé au téléphone un dimanche. Mais ma mère a déclaré sans hésitation : « Mais oui, pourquoi pas, il y a longtemps que je n'y suis pas allée. C'est une bonne idée. De ton côté, à quelle heure comptes-tu partir ? Je te laisse décider. »

C'était la première fois qu'elle s'essayait à rencontrer « l'extérieur », elle qui avait longtemps refusé de sortir ou de voir des gens. Le temps, médecin invisible, lui avait permis de sauter les étapes.

« C'est vrai ? Comme je suis contente ! »

Je me suis empressée d'acheter un lit pliant qui serait d'un usage simple pour elle. Pour pouvoir lui donner son bain sans qu'elle perde l'équilibre, j'ai confectionné une sorte de large planche autour de la baignoire où elle pourrait s'asseoir. Comme elle ne gardait pas sa prothèse pour dormir et qu'elle ne pouvait de ce fait se rendre aux toilettes la nuit, j'ai disposé le nécessaire à côté de son lit.

Pour la première fois depuis sa maladie, ma mère est arrivée dans la maison où tout était installé pour elle, trois ans après son opération, par un lumineux après-midi de mai. Un vent frais passait à travers les arbres, dont les jeunes feuilles jetaient des éclats brillants.

Quatre heures de voiture environ depuis la maison. Dans la Land Cruiser que conduisait mon frère, on avait mis le fauteuil roulant de ma mère, un sac de voyage contenant des vêtements de rechange, des chaussons pour la maison (un seul pied), les objets dont elle se servait quotidiennement. A mon intention, dix kilos de riz. C'était toujours comme ça avec ma mère. Quand elle venait à Tôkyô, il y avait du riz au fond de son sac, qu'elle me donnait en disant que c'était du riz nouvellement récolté, du riz nouveau en somme. Elle nourrissait une grande affection à l'égard de la rizière qu'elle faisait entretenir par quelqu'un. Le riz qu'on y récoltait était devenu pour elle, après la disparition de son mari, la marque précieuse du soutien apporté à notre famille.

Quand elle est descendue de voiture, ma mère a dit en plissant les yeux à cause du soleil : « L'air sent les arbres ! Qu'est-ce qui fleurit en bas, tout ce jaune ? »

Ce qu'elle avait sous les yeux, c'étaient les innombrables iris jaunes qui couvraient le marais et, dans l'intervalle des arbres, la couleur flamboyante des azalées sauvages. Après avoir regardé çà et là un moment dans le jardin, elle s'est appuyée contre un pilier de l'entrée pour se reposer un peu.

« J'ai fini par arriver. J'étais un peu inquiète à l'idée que je ne pourrais peut-être pas venir. Je suis restée si longtemps sans sortir de la maison que, tu sais, j'étais tendue ! »

Depuis, ma mère a pris l'habitude de venir passer dans la péninsule le début de l'été, au moment où le climat devient stable. Son séjour dure de une à deux semaines. Mon frère ne l'a accompagnée que les deux premières fois, depuis, c'est moi qui fais un détour en venant de Tôkyô pour prendre ma mère à une gare d'une ligne de chemin de fer privée proche de la maison familiale.

Son séjour, qui initialement avait lieu au mois de mai, s'est décalé deux mois plus tard, vers la fin du mois de juin jusqu'à la mi-juillet, tout simplement parce qu'en juin de l'an dernier, on s'est aperçu que le marais était peuplé de lucioles.

« Des lucioles ?

— Oui, une quantité inimaginable !

— Où ça ?

— Du côté du marais, c'est ça, le marais que tu vois en bas. Et il n'y en a pas seulement sur le marais, elles viennent aussi dans les arbres, et voltigent dans toute la forêt. Qu'en dis-tu ? Ça ne te ferait pas plaisir de venir ?

— Des lucioles… »

Ma mère a réfléchi un peu avant de répondre : « Oui, tiens, pourquoi pas ? Je crois bien que je vais venir. »

La surprise était de mon côté. Certes, les lucioles étaient apparues, mais enfin, ma mère venait à peine de regagner sa maison, pas plus tard qu'en mai, et j'avais peine à croire qu'elle allait faire à nouveau le voyage, elle qui n'était pas vraiment libre de ses mouvements. Elle avait alors quatre-vingt-six ans. Elle n'était pas assez en forme pour se déplacer ainsi de nouveau, et si j'avais parlé des lucioles, c'était simplement pour le lui faire savoir, quant à ma proposition, elle venait de mon amour pour elle.

Une fois arrivée, ma mère a montré un intérêt passionné pour les lucioles, bien plus que je ne l'avais imaginé. Elle ne tenait pas en place, tous les soirs vers huit heures, elle s'écriait : « Eh bien, allons-y ! » Son regard quittait l'écran de télévision, elle se tournait de mon côté, et ses yeux exprimaient une sorte de tension quand elle se levait pour aller sur la terrasse.

Ma mère qui se dirigeait vers la terrasse enfermée dans le noir laqué de la nuit ne regardait que ses pieds. Combien de pas encore, l'interrogation se lisait sur son visage. Le plancher était pour ainsi dire sans différence de niveau, mais comme ce n'était pas sa maison d'Aichi à laquelle elle était habituée, elle avançait à pas précautionneux. Comme si elle craignait en trébuchant de causer du tort à l'entourage. Elle savait que si elle se faisait une nouvelle fracture, elle serait vouée à être grabataire. Pourtant, l'envie la pressait d'avancer plus loin dans la nuit.

La terrasse en bois, construite en sorte qu'on puisse plonger le regard sur le marais et la forêt, est soutenue par du béton. Une fois qu'elle avait décidé de l'endroit où elle voulait se tenir, en s'aidant d'une lampe de poche ou de la lumière de la maison, elle tenait fortement à deux mains la balustrade et levait un visage rassuré. Quant à moi, après avoir vérifié qu'elle était bien installée, j'éteignais les lampes. C'était le signal, elle se penchait et scrutait les ténèbres. Puis elle chuchotait, d'une voix presque imperceptible :

« Ah, là, il y en a ! Oh, là-bas aussi ! Il y en a partout ! Comme elles brillent, elles qui sont si petites ! Elles lancent de la lumière verte, tralala, venez, les lucioles, par ici ! »

Ma mère se mettait à chanter une drôle de chanson. Elle avait une voix perchée, une jolie voix. Chaque fois que les lucioles se déplaçaient, elle tournait la tête de leur côté et changeait la clé de sa chanson en fonction du vol des lucioles, à un rythme étourdissant. Comme un enfant absorbé dans la contemplation d'un spectacle qui le fascine.

« A partir de maintenant, le mois de juin sera le mois destiné à invoquer les lucioles ! Si tu veux, on pourra venir ici à cette époque ? » ai-je suggéré. Un sourire radieux a éclairé le visage de ma mère. « Oh oui, quelle bonne idée ! »

Cette fois-là, ma mère est arrivée le dernier samedi de juin, les hortensias et les anémones du Japon étaient en fleurs et les *hangesho* du marais rivalisaient de beauté. Ma belle-sœur a accompagné ma mère jusqu'à la gare de la ligne privée qui dessert directement la péninsule. Je guettais leur arrivée, j'ai tendu la main. Est-ce parce que ma mère était rassurée de me trouver à l'attendre, d'être arrivée sans embûche à bon port, elle a ri en direction de ma belle-sœur qui nous regardait par la fenêtre du train. Souriante, elle agitait la main pour lui dire au revoir. Quand le train s'est ébranlé, elle m'a regardée en levant la tête gravement, de son fauteuil roulant. « Dis-moi, tout se passe bien pour toi ? Tu manges au moins ? » Les mêmes questions que d'habitude. Les mêmes mots, la même expression sur son visage.

Simultanément, je me souviens. Avant que je ne fasse construire la petite maison sur la péninsule. A l'occasion de la commémoration des trente-trois ans de la mort de mon père, j'avais passé quelques jours dans la maison familiale, et je me suis rappelé certaines paroles que ma mère prononçait pour elle-même : « Qu'est-ce qu'elle peut bien avoir, cette enfant, à faire la tête toute la journée… » A ce moment, j'étais épuisée par mon travail et la perte subite de Nanako, je ne riais plus, je souffrais, je n'en pouvais plus de tristesse. Ces images de moi-même effleuraient ma mémoire. Qu'en était-il à présent? Etais-je pour ma mère une fille qui avait le sourire? Je souhaitais qu'il en fût ainsi.

Quand ma mère est là, ma vie quotidienne s'écoule à un rythme plus lent que d'habitude. Manger, se déplacer, se changer, tout demande de l'aide. Ma mère qui s'assure des yeux, des doigts, du pied (celui qui lui reste), du toucher des choses, se déplace avec lenteur, me donne l'impression d'un être venu de très loin, un être vivant étrange, hors du temps.

« Tout demande trois fois plus de temps! »

J'adopte ce nouveau rythme, je réprime mon envie d'aller plus vite.

Comme nous n'avons rien de particulier à nous dire, les journées s'écoulent silencieusement.

Quelques jours après l'arrivée de ma mère, la pluie s'est mise à tomber, mais alors que je me disais qu'on en avait pour la journée, le soleil s'est montré, un pâle soleil, et le ciel a pris un aspect incertain. L'ancien calendrier affichait qu'on entrait dans l'été, mais la température est restée basse plusieurs jours d'affilée. Pourtant les arbres sous la pluie verdissaient de plus belle, quant aux grenouilles, elles coassaient de joie et leur chant était assourdissant. Apparemment, le marais regorgeait de plusieurs espèces de grenouilles, aux voix les plus variées, ténor, baryton, basse, soprano, mezzo-soprano, contralto, et leur concert montait jusqu'à la maison.

Lors d'une éclaircie, ma mère a tendu la main vers le fauteuil roulant rangé dans l'entrée en disant: « Je crois bien que je vais marcher un peu! » Et elle est partie à petits pas. Comme pratiquement aucune voiture ne passe, elle peut avancer sans crainte en poussant elle-même son fauteuil. Elle choisit soigneusement les endroits plats et elle accomplit les deux heures de marche qu'elle s'est fixées. De temps à autre, elle s'assied et s'assoupit à l'ombre des arbres qui bordent le chemin. Lorsque je m'inquiète de ne pas la voir encore rentrée, je vais à sa rencontre et la trouve endormie. La voiture du jardinier passe à côté d'elle, il a l'air tout surpris. Les gens sont pleins de gentillesse à son égard et rient de la voir somnoler. « Tiens, la vieille dame de la maison est revenue ! » pensent-ils. Il me semble que ma mère est devenue sans que je m'en aperçoive la vieille qui dort sous les arbres, en somme, une célébrité.

« Maman ! Tu exagères un peu ! » Relevant le menton qui pendait sur sa poitrine, elle rit comme un enfant pris en défaut et s'excuse : « Ah, j'étais tellement bien ! »

Pendant le séjour de ma mère, ma sœur vient au moins une fois, si bien que toutes les trois, poussant légèrement le fauteuil roulant, tout comme si ma mère était encore valide, nous allons jusqu'en haut d'un chemin d'où on voit la mer. En juin, les arbousiers portent une multitude de fruits rouges. Nous en ramassons de quoi remplir un panier, si bien que nous n'allons pas vite. Près de nous, ma mère lève la tête dans notre direction et se met à bavarder :

« Il y a longtemps que je n'ai pas vu les Mochizuki, les Hiraoka non plus. Est-ce qu'ils vont bien ? Les volets sont toujours tirés, la maison doit s'abîmer... Oh, cette année encore, les andromèdes ont bien fleuri ! Les roses foisonnent aussi. Comme ces fleurs sentent bon ! J'adore cette odeur. L'arbre qu'on voit là, c'est un plaqueminier ? J'ai bien l'impression qu'on ne peut pas manger les fruits. Tu te souviens du professeur X? Enfin, voyons, c'était un collègue de votre père. Mais oui, il a continué à écrire souvent, même après la mort de Yukio. Vous avez dû le voir à plusieurs reprises. Mais il paraît qu'il a perdu un peu la tête, sa fille me l'a appris à l'occasion d'une carte de vœux qu'elle m'a adressée… Oh, un essaim de guêpes ! Ce sont des guêpes sauvages, faites bien attention de ne pas vous faire piquer, parce que leurs piqûres sont très douloureuses… »

Le regard de ma mère se pose partout, ne laissant rien échapper. Des paroles pour elle-même, sans suite. Tout en l'écoutant, je me souviens de ma mère, jeune et alerte, avançant à grandes enjambées à travers champs.

Après la mort de mon père, tout en s'occupant de ses trois enfants, mon frère, ma sœur cadette et moi, elle cultivait le jardin potager de notre maison quand elle avait le temps, entre son travail à la salle municipale et la préparation du dîner pour les employés que logeait une entreprise de construction. Elle s'affairait, de la maison à l'extérieur, du jardin au débarras, mettant le linge à sécher, sortant par la porte de derrière pour aller dans le potager. Quand elle n'avait pas le temps, elle allait du potager directement à son lieu de travail. Quand j'y pense, je n'en reviens pas de toute cette activité d'un lieu à l'autre dans la même journée.

C'était Osaka où elle allait les yeux fermés qui était le moteur de notre vie quotidienne. Ma mère était active en permanence. Jamais je ne l'ai vue allonger les jambes sur les tatamis ou paresser sur le canapé du séjour.

Si parfois elle suspendait son mouvement, c'était le matin, au moment de partir. Sur le seuil de la porte ou encore depuis la porte de service, d'un ton de recommandation, elle disait : « N'oublie pas en rentrant de l'école de donner à manger au chien. Pense à l'eau aussi, hein ? » Une autre fois : « Aujourd'hui, je fais des heures supplémentaires. Débrouillez-vous pour le dîner. J'ai fait cuire du poisson, que j'ai laissé dans la casserole. Regardez aussi dans le frigidaire. »

Ma mère qui n'était jamais restée sans travailler, voilà qu'elle avait perdu une de ses jambes qui autrefois lui permettaient de courir partout... Elle avait des jambes robustes, sans la moindre parcelle de graisse, une ossature solide. Ce qui fait qu'un jour je n'ai pas pu m'empêcher de lui demander :

« Au fait, la jambe droite qu'on t'a enlevée, à l'hôpital, où peut-elle bien être ? On aurait dû te la rendre ! »

Ma mère a éclaté de rire, un rire agréable.

« Qu'est-ce que tu voudrais en faire ? La jambe d'une personne âgée n'est d'aucune utilité, voyons ! Une jambe momifiée, je ne veux pas voir ça, très peu pour moi. Enfin, à quoi tu penses, en posant une question pareille ? Quelle fille bizarre tu fais !

— Mais tu avais de jolies jambes, c'est pour ça. Je trouve que c'est du gâchis.

— S'il faut qu'on me coupe un jour l'autre, la gauche, je n'oublierai pas de te la donner ! » a-t-elle dit en riant.

A mon tour, j'ai ri.

« Merci, maman. Je l'accepterai avec plaisir. »

Les jours où la pluie ne semblait pas vouloir cesser, après avoir lu le journal ou feuilleté des catalogues de plantes, ma mère s'assoupissait plus ou moins sur le canapé. Ces jours-là, je m'installais devant mon ordinateur et j'essayais de me mettre au travail, mais le cœur n'y était pas. En faisant un effort, tout ce que je pouvais faire, c'était confectionner des chiffons avec de vieilles serviettes de toilette ou frotter les vitres à l'aide d'un produit, voire sans produit, pour tenter d'enlever les traces verdâtres que laissaient mousse et feuillage. Les chiffons devenaient instantanément tout verts.

Le temps passait, ces heures à la fois longues et brèves qui réunissaient mère et fille. La mère âgée, la fille qui le serait bientôt, la soirée s'avançait, une soirée de saison des pluies. Chose curieuse, c'était précisément par ce temps gorgé d'humidité et peu lumineux que les lucioles voltigeaient gaiement. Ou plutôt, plus la saison des pluies se prolongeait, plus les lucioles vivaient longtemps.

Ces soirs-là, un nouveau rite s'était instauré depuis l'année d'avant. Après le dîner, en attendant huit heures, heure à laquelle les lucioles se mettaient à éclairer la nuit, nous composions des haïkus.

En juin dernier, ma mère s'était mise à lire avec passion un journal qui était resté par hasard ouvert sur la table. C'était des poèmes, haïkus ou tankas rédigés par des lecteurs, qui avaient été sélectionnés par la rédaction du journal. Elle passait le doigt sur chaque *hiragana*, lisant les poèmes un par un, et ne cachait pas son admiration. « Tous sont vraiment habilement composés ! » Son attitude n'était pas sans exciter une certaine émulation. « Tu veux qu'on s'y essaie ? » Je lui ai tendu la perche. Elle l'a saisie aussitôt. C'est de cette façon que les choses ont commencé.

Chaque soir, quand le repas avait pris fin, l'attente rituelle de l'apparition des lucioles commençait. A portée de la main, nous avions une compilation de haïkus classés par saisons et événements rituels, un manuel d'*Initiation au haïku*, et nous restions silencieuses pendant environ une heure. Bientôt, l'une de nous deux demandait :

« Tu es prête ?

— Oui, euh, enfin, à peu près. »

L'air mitigé, nous nous montrions ce que nous avions noté. Et nous pouffions de rire. Les dix-sept syllabes s'étalaient en tous sens sur le papier, griffonnées, raturées, rajoutées.

« Oh là là ! Quelle déception ! Ils sont tous nuls. Pas un pour racheter l'autre. »

A peine avait-elle parlé qu'elle tendait machinalement le cou vers les ténèbres de laque entourant la terrasse. Déjà, elle était attirée comme un aimant par l'attente des lucioles, indifférente à la composition de haïkus. Mine de rien, je l'observais. Comme pour m'assurer de la vitesse à laquelle la vieillesse faisait son travail. Son visage conservait la même expression douce que naguère, mais je m'inquiétais à l'idée d'y découvrir une forme de tourment. Le visage de ma mère était serein et empreint de douceur. Cette attitude qui l'enveloppait, comme l'acceptation de tout ce qui lui arrivait, m'ôtait au contraire mon calme, car je me demandais si elle ne prenait pas sur elle.

Elle n'avait plus qu'une jambe, ne pouvait plus emprunter le chemin qui descendait de la maison, elle avait même fini par ne plus traverser le pont Yukio. Que peut bien ressentir celui qui a perdu la liberté de ses mouvements ? J'essayais vaguement de m'imaginer ses sentiments, mais il m'était difficile de lire sur le visage de ma mère quand elle marchait sans bruit avec sa prothèse recouverte d'une épaisse chaussette. Son visage était seulement empreint d'une profonde attention.

Moi, de mon côté, j'avais remarqué la rapidité avec laquelle ses yeux se portaient sur les choses quand elle observait le jardin, du haut de la terrasse.

« Qu'est-ce que tu regardes ? » ai-je demandé un jour. Elle a répondu simplement : « Je regarde les choses d'autrefois, en bas. »

Le pont en bois, la vieille jarre et les pots de terre, des tuiles ici et là, les choses à moitié cassées que j'avais apportées de la maison, des choses qui venaient du temps où mon père était de ce monde. La maison d'autrefois n'était plus ce qu'elle était, nous nous étions débarrassés de ce qui avait vieilli. Mais ma mère continuait à penser au temps passé. Même si elle ne pouvait plus traverser le pont Yukio, elle continuait à le toucher intérieurement. En fait, elle semblait remonter le temps, elle marchait avec le souvenir de ses jambes valides, franchissait le pont dans son cœur, se rappelait la sensation des objets qu'elle avait caressés. Moi, pendant ce temps, je la regardais de dos, j'imaginais ce que ses yeux étaient en train de voir, je ne pouvais m'empêcher de la suivre dans la promenade de son cœur. Dans ces moments, les mots me venaient au bord des lèvres.

« Dis, tu devrais venir plus souvent. Pour contempler les choses du passé ! »

Même des bribes de souvenirs, les morceaux d'un vase, d'une assiette ou d'un bol cassés sont imprégnés du temps, ils portent la marque des jours où ils étaient vivants, car utilisés. Les vieilles tuiles noires rappellent la pauvreté de l'ancienne maison, la chaleur du soleil qui gonflait matelas et édredons, le bol au bord ébréché rappelait sans nul doute à ma mère l'odeur de la cuisine où elle s'affairait en rentrant de son travail. Elle ne disait rien, mais son regard qui allait d'un objet à l'autre cachait mal l'ardent désir de retrouver ce temps si lointain déjà.

Pourquoi ma mère était-elle ainsi attirée par les lucioles ? Elle qui avait fait l'expérience d'une grave maladie, qui avait à présent retrouvé la santé, semblait pénétrée d'un autre sentiment que moi, moi qui me réjouissais du spectacle des lucioles un peu comme d'un événement exceptionnel.

Cette année encore, les lucioles sont apparues. Innombrables. L'année dernière, j'ignorais que c'étaient des lucioles miniatures. En comparaison des autres, lucioles *genji* ou *heike*, elles sont infiniment plus petites. A peine cinq millimètres sur le doigt qui s'en empare délicatement. A la différence des autres lucioles qui ne peuvent naître que près des eaux claires, les *princesses* sortent de terre. Elles pondent leurs œufs sur l'humus, les feuilles mortes ou les branches d'arbre tombées, elles vivent aussi dans les bois. Est-ce à cause de l'intensité de leur activité, non seulement près de l'eau de source, mais aussi dans la forêt profonde, elles brillent de leur belle lumière phosphorescente. Les lucioles qui s'étaient posées sur le blanc immaculé des fleurs m'ont donné l'impression d'une illumination féérique d'un vert merveilleux. Les mâles ne peuvent pas voler, mais ils ont le pouvoir d'émettre de la lumière, et ils se déplacent sur les arbres, sur les feuilles. Cette lumière vive clignotait un peu partout sur le marais.

Une petite luciole est venue sur la terrasse, effleurant presque le visage de ma mère, avant de disparaître aussitôt. Comme ces insectes sont sereins, eux qui vivent à peine deux semaines ! Au milieu de l'obscurité, des lignes disparates, en arabesque, en dents de scie, rondes ou ovales, toutes sortes de formes lumineuses voltigent avec grâce. Quand une luciole s'approche, ma mère tend la main vers la lumière verdâtre et elle fredonne, appelant les lucioles : « Viens, ma jolie, viens, ma charmante, te reposer sur mon doigt tendre ! »

Ma mère est restée pendant dix jours. Puis elle s'en est retournée dans sa maison, non sans m'avoir dit : « Comme j'ai passé des journées agréables ! J'ai vu de bien jolies choses, la cuisine aussi était délicieuse, tu sais ! » Cette fois, c'est ma sœur cadette qui l'a raccompagnée, après avoir passé le week-end.

« La prochaine fois, je me demande si… En tout cas, j'aimerais bien pouvoir revenir ! »

Ma mère a prononcé à la gare les mêmes paroles que l'an passé, et elle a agité les mains au moment du départ, installée sur son fauteuil roulant.

J'ai rangé les objets de soin, puis tout en lavant les draps et le pyjama que ma mère avait utilisés, j'ai senti le vent de la mer, une odeur forte, qui se mêlait quelque part à l'air chaud et humide. Le vent semblait avoir changé. Sans doute la saison des pluies durerait-elle encore quelque temps, mais d'ici une semaine ou dix jours au plus, gronderait le tonnerre annonciateur de la fin des intempéries. Une pluie torrentielle qui balaie tout. Je ne pouvais pas me défendre d'une certaine impatience, oui, j'avais hâte que la pluie déferle.

Sur un coin de la table, un carnet rempli de haïkus nuls, maintenu par un presse-papiers de verre. Un amoncellement de mauvais poèmes. Je les mets soigneusement en ordre avant de les insérer dans une chemise transparente. Les relisant, je constate que les haïkus que ma mère a composés pendant son séjour dans la péninsule, à part quelques-uns, ont tous trait aux lucioles.

Je suis venue et
J'ai vu l'étang tout blanc de la blancheur
Des fleurs

Les lucioles voltigent
Voltigent les exclamations
Nuit à Shima

(Ma mère a noté avec conscience que c'est une imitation d'un haïku de Bashô.)

Dans la paume de ma main
Légère comme un souffle
La lumière d'une luciole

Blancheur des ténèbres
Blancheur des fleurs
Volent les lucioles

Nuit blanche de la forêt
Les lucioles veillent
Nuit incandescente

Soudain la pluie
Où sont donc les lucioles
Que l'averse a surprises

Le fauteuil roulant passe
Evitant la chenille
Au passage

Tout à la fin, voici ce que j'ai lu :

Arrivée de loin
A la veille de la saison des pluies
Je m'attendris sur les miens

Ainsi donc, mère qui avait posé un regard si ardent sur les « choses du passé », voilà qu'elle songeait à mon frère et à sa famille chez qui elle vivait dans la région de Nagoya. Lorsque j'ai compris, à cette lecture, à quel point ses pensées se tournaient vers sa propre maison, le souffle m'a manqué. Le quotidien de ma mère ne se trouvait pas dans la péninsule, il était dans la maison de Nagoya, dans sa maison, là était sa place infaillible.

Aujourd'hui, c'est le 11 juillet. Pendant le séjour de ma mère, la lune et les étoiles ne se sont presque pas montrées, mais ce soir, entre les nuages, on pouvait apercevoir la lune. Munie d'une lampe de poche, je suis allée jusqu'au pont Yukio. Tout simplement parce que de cet endroit, on peut embrasser du regard tout le marais et le fond de la forêt.

Au fil des jours, les lucioles sont devenues de moins en moins nombreuses. C'est près du marais que j'ai découvert quelque chose d'inhabituel. Sur la terre noire, de vagues lueurs continuaient à briller. J'ai d'abord pensé que c'étaient des pierres sur lesquelles brillait du lichen phosphorescent. Observant de plus près, j'ai distingué quelque chose de semblable à des extrémités de baguettes effilées. Des brindilles desséchées étaient couvertes de parasites vivant dans la terre, qui diffusaient la lumière bleutée de leurs molécules d'halogène. Çà et là autour de l'étang, c'étaient comme les fantômes de l'été.

Extraordinaire, toutes ces choses qui émettent de la lumière. Tout brillait ici. Jusqu'aux branches mortes !

Debout sur le pont, je cherchais du regard toutes les lueurs. Cette année, les lucioles avaient-elles mené à bien leur reproduction ? Ce soir encore, les lucioles brillaient mais elles allaient mourir. Demain, sûrement, les lueurs seraient plus rares encore. En contrepartie, au-delà de l'obscurité de la forêt, s'approchait le plus fort de l'été.

Petite chaleur. C'est la période où on envoie des cartes estivales. Préparatifs pour protéger les plantes du soleil. Les lis commencent à fleurir. On cueille les fruits des arbustes à baies. On sème les graines de cosmos. On plante les arbres à feuilles persistantes. On met en terre les bulbes de lycoris. Aubergines, poivrons, concombres, piments, corètes potagères, sont mûrs. C'est le moment de diviser les touffes des plantes d'ornement, etc.

Comme toujours, je note sur le calendrier :

Fait de la confiture d'arbouses et du jus de fruits.

Sorti du bocal les prunes macérées dans l'alcool et fait de la confiture avec.

Arraché les herbes du marais qui avaient considérablement poussé pendant la saison des pluies.

Acheté une pierre à aiguiser et un briquet, de la ficelle, des tuteurs pour les plantes, des ciseaux à papier, du papier fax.

De temps en temps, je pense à Tôkyô.

En ce moment de l'année, le soleil du plein été doit chauffer le bitume des routes, éclat noir brûlant. Chez moi, où toutes les fenêtres sont hermétiquement fermées, une mauvaise odeur monte des vieilles canalisations, une odeur nauséabonde et lourde. J'ai vécu là pendant plus de vingt ans. Je pensais que c'était le seul endroit où je pouvais exister.

L'été, frissonnant dans l'air froid du climatiseur, je regardais souvent mon balcon desséché, tout blanc de soleil. Les plantes étouffaient, serrées les unes contre les autres, dans cet espace qui ne mesurait pas plus de deux tatamis. Dès que j'en jetais une déjà fanée, une autre se desséchait. Cette minuscule terrasse où je déposais une nouvelle plante que j'allais acheter la semaine suivante dans la rue commerçante près de l'immeuble. Je passais mon temps à remettre quelque chose à la place de ce qui avait disparu. Laisser visible la perte me faisait peur.

Je n'achetais pas de nouvelles plantes par désir d'avoir de la fraîcheur verte. Moi qui n'avais ni mari ni enfant, je voulais avoir quelque chose dont je devais m'occuper, n'importe quoi faisait l'affaire, il me fallait prendre soin de quelque chose. Arroser, changer de place, renouveler la terre, mettre un peu d'engrais. La vie d'une plante n'est pas aussi pesante que celle d'un être humain. Difficile de parler de responsabilité, il s'agit plutôt de jouer à se sentir responsable. Je pensais que c'était à peu près la même chose que les humains. Après la naissance, les membres s'allongent, la plante se forme, a besoin d'eau, réclame à manger, regarde le soleil, si elle est fatiguée, les feuilles se ratatinent, la tige s'alourdit. Dans cet intervalle, la plante s'en remet à quelqu'un, elle ne doute pas qu'on va prendre soin d'elle. Certes, ce n'est pas une personne, mais je me disais que moi aussi j'avais une famille, le petit balcon et ses plantes me servaient de famille. J'étais contente d'avoir à veiller sur quelque chose.

Il n'en allait pas de même sur la péninsule, je comprenais que je m'étais fait des idées, ce n'était pas ça du tout. La vie et la croissance des plantes ne répondaient pas à l'attente d'un individu, et les branches que je croyais atteindre étaient si enchevêtrées que je n'arrivais même pas à en effleurer une. Si je m'en éloignais quelques jours, sous l'ardent soleil de l'été les racines se développaient partout sous la surface, et j'avais beau peser de toutes mes forces sur les herbes, elles me résistaient farouchement. L'eau que je versais en fin de journée était immédiatement absorbée par la terre, et en moins d'une demi-heure, elle séchait au soleil qui dardait ses rayons à l'ouest.

Après mon installation sur la péninsule, mon labeur a changé de forme. Il ne s'agissait plus de s'occuper des plantes, le domaine des soins avait changé, seule régnait la lutte avec les plantes et les animaux. Les toiles que tissaient les araignées entre les arbres me collaient au visage ou au corps chaque fois que je descendais dans le jardin, les fourmis, par où entraient-elles, sentaient immédiatement le sucre ou les restes de nourriture et organisaient un défilé.

Scolopendres, mille-pattes, taupes, vipères, guêpes, moustiques-tigres… Ce jardin richement peuplé présentait un visage radicalement différent de celui dont j'avais l'habitude sur mon balcon. Moi, pour me battre avec tout cela, chaque fois que l'autobus me descendait en ville, je faisais provision de toutes sortes d'insecticides.

Bringuebalée dans l'autobus, je regardais par la fenêtre le vert puissant des arbres. Je songeais que le bien-être urbain venait en premier lieu de l'absence de lutte avec la nature, en tout cas la nature telle que j'en faisais ici l'expérience. Même si je laissais une plante se dessécher, je pouvais tout de suite en acquérir une nouvelle d'une aussi belle forme. Même si j'arrosais malgré ma sueur, je n'étais pas forcée d'arracher les mauvaises herbes au prix d'un lumbago. Les arbres n'avaient pas besoin d'être taillés pour préserver l'ensoleillement.

Les êtres dont je me rendais maître à Tôkyô n'étaient pas pourvus de grosses branches ni envahis d'herbes folles. Tandis que je me laissais absorber par ces pensées, d'invisibles intrus proliféraient. Si je répondais au téléphone, c'était pour m'entendre proposer d'acheter un lingot d'or ou encore de confier à une entreprise le soin de laver ma literie. Il m'arrivait de raccrocher à une proposition louche de nettoyage de la hotte de la cuisine, qui était en fait un prétexte pour me vendre un ventilateur neuf, j'avais aussi failli lancer par terre l'interphone, exaspérée par la voix suraiguë de l'employée d'une compagnie d'assurances. Je luttais contre toutes ces propositions que la société de consommation multipliait avec démesure.

Chaque matin, au rez-de-chaussée de l'immeuble, je découvrais les dizaines de publicités jetées dans ma boîte au cours de la nuit, dépliants et prospectus. Tous les jours, toutes les nuits, ces papiers que quelqu'un venait déposer dans les boîtes aux lettres m'obligeaient à me représenter un monde qui un jour disparaîtrait, enseveli sous les déchets.

Des publicités immobilières, location ou vente d'appartements, des sociétés de crédit, des échantillons gratuits de produits de beauté, une brochure présentant une maison de retraite récemment construite dans une ville de la proche banlieue de Tôkyô, une annonce du comité de quartier incitant à la prudence à l'égard des escrocs qui tentaient d'obtenir des virements d'argent sous un faux prétexte, des appels au don d'objets pour le vide-grenier que le quartier organisait dans une salle à l'occasion de la fête de l'été. Se mêlaient parfois des publicités louches de massages à domicile, sans oublier les propositions d'achats de concession dans un cimetière.

Qu'étaient devenus ces monceaux de papier ? J'avais bien recommandé au gardien de s'occuper de ma boîte aux lettres, mais y pensait-il ? Je voulais qu'il jette tout.

J'habitais dans un immeuble occupé par des gens qui m'étaient étrangers, n'empêche, il me fallait participer à toutes sortes d'activités.

Se joindre aux exercices d'évacuation en cas d'incendie, être là pour la vérification des détecteurs de fumée qui avait lieu dans chaque appartement ou en cas de travaux, comme le revêtement étanche du balcon… En ce moment, par exemple, on affichait le programme de la fête de l'été qui se déroulerait dans la cour de l'école du quartier, ou encore les dates prévues pour la séance plénière du conseil syndical.

J'avais tout laissé en plan. L'été que j'avais abandonné au milieu de la capitale éloignée de cinq cents kilomètres restait immobile, comme l'image d'une vidéo qu'on a interrompue, mais que l'écran continue à dérouler. Tandis que je pensais à ma vie à Tôkyô, je me sentais prise entre deux étés, j'avais l'impression de me balancer dans l'atmosphère.

La température montait tous les jours au-delà de trente degrés, et dans la forêt, les cigales avaient commencé leurs stridulations frénétiques. Les fourmis continuaient leur procession. La fine ligne noire qu'elles formaient allait du plancher de la cuisine à la table de la salle du séjour. Je pressais dessus à l'aide d'un chiffon, j'essuyais le parquet encore et encore, si bien que je transpirais tant et plus, et je me précipitais dans la salle de bains. Si, de peur que la chaleur me rende carrément malade, je restais dans la maison, curieusement, je me prenais à m'inquiéter pour ce qui se passait à Tôkyô.

Tout venait de la chaleur. L'année dernière, soit je passais l'été dans une bibliothèque, soit je me précipitais dans un supermarché ou un grand magasin, là où la climatisation marchait à fond, je n'achetais rien, je marchais au hasard. Parfois, je poussais jusqu'à un quartier inconnu, je regardais les enfants jouer dans un parc, à l'ombre des arbres, j'entrais dans une galerie, je regardais les œuvres exposées, le temps que je cesse de transpirer.

Ici, les possibilités d'aller quelque part étaient limitées.

N'ayant pas de voiture, je ne devais pas songer à aller loin si l'envie m'en prenait. J'ai décidé de déplacer le canapé pour le mettre près d'une fenêtre, dans un endroit bien aéré, et de paresser. Pour tromper un peu l'ennui, il me suffit d'ouvrir un livre, mais au bout de quelques pages à peine, le sommeil me gagne, un sommeil invincible, si bien que je passe mes journées à dormir.

Dans ces moments, il m'arrive souvent de faire des rêves sans consistance, légers et flous comme de l'eau. La plupart du temps, Nanako ou un de mes amis qui sont morts trop tôt apparaissent sans raison et s'effacent de même. Il arrive aussi que le garçon avec qui j'étais montée à Tôkyô autrefois se manifeste, dans l'incertitude de mon cerveau à peine sorti des brumes du sommeil. J'étais jeune encore, les jours de canicule que je ne prenais pas encore pour l'été, ces journées torrides où je restais allongée sur un canapé, sans dormir, me reviennent en mémoire, glissent sans heurt comme un film que je voudrais revoir.

Ce jour-là, en fin de journée, un rêve fluide comme l'eau a pris forme. J'étais allongée sur le canapé, je m'étais réveillée et je regardais d'un œil encore lourd de sommeil les tatamis de la pièce japonaise que le soleil de la fin de l'après-midi frappait de ses rayons. J'étais trempée de sueur. Mon corps flottait encore dans le sommeil, je me sentais brumeuse. Mon regard qui ne fixait rien de précis s'est déplacé vers le tatami du tokonoma.

Un soupir tiède s'est échappé de ma poitrine.

La chaleur m'avait rendue paresseuse, je n'avais pas fait le ménage depuis quelque temps et la poussière s'était accumulée. Sur les flocons d'un blanc léger, le soleil couchant posait sa lumière et la poussière brillait avec un éclat pourpre. Tandis que je restais à regarder le spectacle, j'ai revu, comme venue du fond d'un rêve, l'arrivée d'une enveloppe toute blanche. On l'avait lancée dans ma boîte aux lettres en même temps que d'autres courriers. Le nom de l'expéditrice qui figurait au dos ne me disait rien. A l'intérieur il y avait, plié en deux, un faire-part de décès. Le nom d'un homme que j'avais oublié depuis longtemps m'a sauté aux yeux.

… *Les obsèques ont eu lieu dans l'intimité, conformément à la volonté du défunt. Nous vous prions de ne pas nous tenir rigueur du retard que nous avons apporté à vous annoncer la nouvelle…*

Une lettre rédigée sur une feuille de papier de riz accompagnait le faire-part bordé de noir. C'était la sœur cadette du défunt qui l'avait écrite. Elle expliquait que son frère lui avait demandé d'annoncer sa mort à moi seule. La famille du défunt ignorait tout, elle avait pris sur elle de m'écrire et elle me priait de détruire immédiatement la lettre.

La poussière était toujours à la même place. Dans le soleil couchant, elle rougeoyait de plus belle.

Je ne comprenais pas pourquoi cette lettre accompagnant le faire-part envahissait brusquement mon cerveau. Toujours allongée sur le canapé, j'ai de nouveau fermé les yeux. Le visage de l'homme, si lointain, que j'étais censée avoir repoussé loin de moi, voilà qu'il reprenait vie dans ma mémoire. Cela me rappelle que Nanako était la seule personne à qui je m'étais confiée.

« Si vous êtes sérieux tous les deux, eh bien, vous êtes aussi stupides l'un que l'autre ! » avait fini par laisser tomber Nanako après un silence.

La poussière rouge s'est déplacée légèrement. Le vent tiède et humide du crépuscule a traversé la moustiquaire de la pièce japonaise. L'air qui était immobile depuis tout à l'heure avait, semble-t-il, amorcé sa descente vers la nuit.

La voix de l'homme me parvient de loin. « Alors, comment va ? » Il saluait toujours d'une voix forte. Il aimait les tableaux et il brandissait de temps en temps une gravure pas chère qu'il avait achetée à un jeune artiste en me demandant comment je la trouvais. Au fait, cela m'a rappelé que je devais avoir une gravure qu'il m'avait offerte, de petites dimensions, genre B6, réalisée par une femme, qui représentait une souris, et dans un coin, on avait écrit le titre *Telly-Telly la souris.*

« Qu'est-ce que ça veut dire, ce Telly-Telly ?

— Je n'en sais rien. C'est ça justement qui est amusant. La tête de la souris est marrante, non ? Dès que j'ai vu cette gravure, je n'ai pas pu m'empêcher de l'acheter ! » a-t-il dit sans quitter la souris des yeux. Etait-ce parce qu'il parlait avec passion, ses lèvres fines restaient strictement serrées. J'aimais cette bouche qui parfois restait hermétique comme un coquillage. Il semblait vouloir dire quelque chose, mais il se ravisait et se mordait les lèvres. J'aimais le profond silence qui enveloppait cet homme.

J'avais gardé un certain temps cette gravure sur un mur chez moi, mais je ne savais plus ce que j'en avais fait. L'avais-je rangée au fond d'un placard de mon studio ? En tout cas, il y avait plusieurs années que je ne l'avais plus sous les yeux.

Telly-Telly, Telly-Telly…

Dans la pièce rougeoyante du soleil de cette fin d'après-midi d'été, c'était comme si le crissement des dents de la souris en train de grignoter remplissait l'espace.

Nous étions si proches, pourquoi l'avais-je quitté ? J'avais beau feindre l'ignorance, l'odeur du foyer de l'homme arrivait soudain jusqu'à moi, était-ce cette présence qui, discrète pourtant, m'était devenue difficile à supporter ? Oui, c'était cela, sans doute. Nous nous rencontrions régulièrement, mais au sein de notre intimité, j'avais toujours conscience de l'existence d'une froide ligne de démarcation. Je savais que je ne devais pas aborder certaines choses. Si ces choses devenaient des mots, une fracture se produirait. Pourtant, c'est moi qui ai fini par parler.

« Si les choses ont un commencement, elles doivent bien aussi avoir une fin, tu ne crois pas ? Dans la situation actuelle, il est impossible d'avancer. Alors, nous pourrions arrêter, non ? S'il te plaît, laisse-moi te quitter. »

Je l'avais dit parce que je voulais le dire.

Telly-Telly, Telly-Telly…

De mon front collé contre le vieux canapé râpé, de la sueur a coulé. Mon dos, mes bras aussi sont moites de la sueur du sommeil. Le soleil torride de la fin de l'après-midi redouble d'intensité, le paysage de la fenêtre est d'un rose intense. Sur les tatamis de la pièce japonaise, le reflet de l'encadrement de la fenêtre étire vivement son ombre.

Après avoir pris la décision de cesser mes relations avec lui, pas une fois je ne l'ai revu. Cela s'était passé de la même façon avec celui avec qui j'étais venue à Tôkyô dans ma jeunesse. Une fois que je décide de ne plus revoir quelqu'un, je me tiens fermement à ma décision. Malgré cela, il téléphonait. « Alors, comment va ? »

Dès que j'entendais sa voix, mon cœur frissonnait. J'avais jeté une chose précieuse avec une telle facilité ! Je me suis demandé à plusieurs reprises pourquoi j'avais quitté de façon si désinvolte un être dont j'avais été si proche pendant huit ans. Comment s'est passée notre dernière conversation téléphonique ? Je suis certaine qu'après son fameux « Alors... », il a gardé un moment le silence avant de lancer : « Si on dînait dîner ensemble, hein ? Pour une fois. Si les choses ont une fin, elles peuvent recommencer aussi, pas vrai ? Que dirais-tu de la semaine prochaine ? » Il avait parlé d'une voix claire, avec une gaieté qui semblait avoir traversé tout ce temps pendant lequel nous ne nous étions plus vus.

Quand j'y pense à présent, je me rends compte que sa voix enjouée cachait en fait une détresse, il voulait me dire quelque chose. « Non, je ne veux pas te revoir. » J'avais beau m'obstiner dans mon refus, il continuait à insister. « Mais je veux te voir, moi. Je t'en prie ! Ne fais pas l'entêtée comme ça ! » Contrairement à son habitude, il se faisait pressant. S'il s'obstinait à ce point, c'était peut-être parce qu'il s'était aperçu que quelque chose s'était détraqué dans son corps. Après mon refus de dîner avec lui, il n'a plus jamais téléphoné. J'ignorais qu'il luttait depuis longtemps contre la maladie.

A ce moment, tout ce que je comprenais, c'est que nous n'étions plus jeunes ni l'un ni l'autre. Qu'il était devenu impossible de réduire la distance qui s'était établie entre nous. Je n'avais jamais nourri l'illusion que nous pourrions vivre ensemble. Il avait eu raison de retourner dans sa famille. C'était bien qu'il ait eu une famille pour l'assister dans ses derniers instants, après avoir combattu à ses côtés contre le mal.

Telly-Telly, Telly-Telly… La voix lointaine s'est effacée.

Les cigales étaient-elles fatiguées de chanter, tout était silencieux. Dans ce silence fugitif, j'ai mis la lettre à la corbeille et j'ai marché, le couchant pourpre embrasait toute la rivière.

Est-ce parce que de longues années avaient passé depuis notre séparation, la tristesse, la douleur de l'avoir perdu, curieusement, ne m'ont pas assaillie. J'étais plutôt surprise. Pourquoi donc étais-je la seule à continuer à vivre ? L'un pèse sur le plateau de la balance (c'était aussi le cas de Nanako), l'autre est là pour regarder celui qui s'enfonce. Je ne l'avais pas souhaité pourtant, pourquoi étais-je toujours du côté qui a choisi de vivre ?

Etait-ce le même jour ou bien plus tard que, prise de l'envie de regarder le spectacle des lumières de la nuit, j'étais montée par l'escalier de secours ?

Je remontais dans ma mémoire, à la lueur du crépuscule qui envahissait la pièce, sans cesser de regarder les flocons de poussière qui voltigeaient ici et là.

La ville que je voyais du haut de la terrasse palpitait de lumières. C'était un immeuble luxueux de trente-six étages, construit quelques années auparavant en face de chez moi, qui attirait le plus les regards. Quand le projet de construction avait vu le jour, j'avais participé avec les habitants du quartier à un mouvement de contestation, nous avions confectionné des dizaines de banderoles et de pancartes. Si j'avais mis tant d'ardeur à m'opposer à ce projet, c'est parce que j'étais persuadée que là était l'endroit où je finirais par atteindre la vieillesse. J'avais peut-être une maison dans la péninsule, mais ce n'était qu'une retraite provisoire. Une maison où nous nous réunissions en famille un court moment. Ce n'était pas là que j'attendrais que vienne la vieillesse.

Pourtant, en dépit de notre mouvement d'opposition, l'immeuble a été construit. Grâce aux indemnités de dédommagement, mon studio s'est vu agrémenté d'un double vitrage, pour protéger à la fois du vent et du bruit, mais je n'ai pas réussi à retrouver la lumière du matin qui pénétrait à l'est et au sud. A la place, j'ai eu les lumières provenant des appartements de la tour. La tour a été progressivement remplie par ses heureux occupants.

Tout en contemplant les lumières dans la nuit, je me disais que lorsque les gens meurent, d'autres viennent les remplacer. Si certains ne changent jamais de lieu d'habitation, d'autres sont capables d'aller ailleurs sans se prendre la tête. Je n'en revenais pas de découvrir à quel point le monde était harmonieux.

Mais en même temps, ne devais-je pas reconnaître que cette constatation me faisait frissonner ? Car j'étais bien obligée d'avouer que je voulais continuer à vivre, ce désir était plus fort que la tristesse ou la douleur du deuil. Est-ce de cette façon qu'on s'habitue à la mort des gens qu'on connaît, à leur absence définitive ?

En jetant un regard en arrière, j'ai pris conscience que les choses qui avaient eu un sens n'étaient plus que des enveloppes sans âme. Les chemins auxquels on était habitué, le petit restaurant de nouilles au sarrasin, le troquet qu'on aimait bien… Il ne restait plus rien. Plus rien n'était intéressant. Plus d'endroit qui suscite l'envie d'y aller. Plus rien qui allume la passion. Est-ce que vraiment j'allais vieillir ici ? Devais-je l'accepter ? Etait-ce inévitable ? L'homme aussi était devenu une enveloppe vide pour moi.

Dans un lieu que n'habitait plus la passion, une dépouille tombait sans bruit.

L'immeuble de trente-six étages que je contemplais ce soir-là se couvrait peu à peu d'un voile noir. Une illusion m'a saisie, le voile épais et lourd allait entraîner sa chute, je serais engloutie dans l'ombre dense. Mais la nuit de Tôkyô restait aveuglante.

Mon corps tout entier recevait la lumière du soleil couchant et je faisais un retour sur moi-même, mon passé me revenait en mémoire, je considérais mes décisions à cette lumière. M'appuyant sur la rambarde de la terrasse, j'ai tendu le cou pour regarder le coin le plus éclairé de la capitale. Personne n'est entré dans mon champ visuel, mais l'eau des réservoirs, qui étaient éclairés, ruisselait de clarté. J'avais l'impression de me trouver dans un univers inconnu, replié sur lui-même, à l'écart de tout, et glacial. J'ai redressé la tête, un peu de vent traversait la moustiquaire. Les rideaux de voilage blanc ondulaient faiblement. Où avaient disparu les flocons de poussière, qui voletaient un moment plus tôt dans un éclat rouge ? Je les ai cherchés des yeux, en vain.

Peu à peu, j'ai cessé de transpirer. M'assurant que le chat était rentré, je suis sortie sur la véranda. Le soleil couchant, d'un pourpre si intense que c'en était effrayant, coulait dans le fond de la petite vallée que formait le terrain en pente. Les arbres de la forêt se renvoyaient la lumière flamboyante comme des torches. Des arbres couleur de sang. Je ne pouvais pas détacher les yeux de l'incendie. Si cela avait été possible, j'aurais voulu au moins montrer à Nanako les couleurs du couchant. Le visage clair et enjoué de Nanako en train de me dire « aussi stupides l'un que l'autre ! » resplendissait dans un coin de ma tête avec un éclat rouge. Tournée vers le soleil couchant, je n'ai pu m'empêcher de l'appeler.

« Nanako ! Stupide ou non, tout le monde finit par mourir. N'es-tu pas bien placée pour le savoir ?

— C'est vrai, on est tous pareils. Tout a une fin... » La voix lointaine de Nanako m'est parvenue.

« Oui, tout finit un jour... ai-je répété.

— Mais tu sais... » Ici, la voix de Nanako a résonné un peu plus fort. « Tu sais, il faut avancer sur le même chemin, jusqu'à la fin. Il ne faut ni retourner en arrière, ni s'écarter du chemin. Moi, je me suis écartée du chemin, j'ai pris une déviation. Il m'arrive de regretter de ne pas pouvoir revenir...

— Revenir ?

— C'est une idée qui m'effleure quand je te vois en train de te promener dans la péninsule, peut-être une sorte de jalousie que je ressens. Je me souviens avec nostalgie de ceux qui sont capables de jeter les choses sans hésitation, de faire des choix...

— C'est malin de dire ça maintenant. Toi aussi, tu as choisi. N'as-tu pas fait le choix d'en finir ?

— Peut-être. Toi en tout cas, je te conseille d'oublier, oui, oublie les morts. Tu devrais ne fréquenter que les gens qui vivent. Et vivre pour toi-même, autant que tu peux !... »

Le soleil couchant s'est effacé, le ciel s'est vêtu de nuit. J'ai allumé un encens anti-moustiques et je me suis lavé le visage à l'eau froide.

Sans attendre, je suis allée dans la cuisine et j'ai réfléchi au menu du soir. Je songeais que mon organisme ne désirait manger que des aliments sans couleur. Je voulais offrir à ma vision des morts quelque chose de froid et de lisse, pour faire glisser l'impression qui m'habitait. J'ai commencé par m'exposer au vent froid du climatiseur, puis j'ai mangé un plat de nouilles très fines relevées d'une grande quantité d'épices. Ensuite des tomates en salade, huile d'olive et citron, et du tofu froid agrémenté de bonite hachée finement.

J'ai rempli une casserole d'eau que j'ai fait bouillir. L'eau du robinet était très froide, dehors, tous les insectes de l'été avaient entamé leur concert.

J'ai fait un rêve couvert de poussière. Je passe l'aspirateur dans la pièce japonaise.

J'écris une lettre à S et à N pour m'excuser d'être restée longtemps sans leur donner de mes nouvelles. Une carte à T, qui est à Tôkyô, pour refuser une invitation à un repas. J'en profite pour lui annoncer que je suis ici.

Choses à acheter : un sous-vêtement, une taie d'oreiller, un tube de moutarde verte, une pastèque.

Avant de me coucher, j'ouvre le carton dans lequel j'ai fourré un recueil de poèmes de Kaneko Mitsuharu. Comme moi, il est né dans la région d'Aichi, nous sommes compatriotes. Je ne suis restée dans cette ville que jusqu'à l'âge de deux ou trois ans, mais j'éprouve depuis longtemps une sorte d'intimité à son égard. J'ai feuilleté au hasard. Plus que *Le requin* ou *Le parapluie tombé*, je continue à préférer les poèmes qui chantent les femmes. Celui que j'aime le mieux, c'est *Le lavabo.*

Je le lis à haute voix.

Tant que la vie continue
Il me sera donné d'entendre
Le bruit mélancolique qui s'écoule dans le lavabo

Une note indique qu'il s'agit d'une allusion aux femmes de Canton qui font pipi dans le lavabo, ruissellement léger, ce qui m'a rappelé ma mère ici quand elle utilisait le pot de chambre en pleine nuit. *Shabori shabori.* Ma mère qui ne vit que dans le présent, précautionneusement. Elle qui pourtant doit savoir mieux que personne ce que l'avenir lui réserve, elle mange, se libère, mange de nouveau, se libère… Ma mère qui confie son corps à cette quotidienneté.

Shabori shabori… Combien est mélancolique ce bruit de la vie !

Bon, oublions les morts. Je vais aller rendre visite aux vivants.

Je tourne les pages, pour tomber sur un poème qui chante les plantes des pays du Sud. Palmiers, bananiers, cocotiers. Leur feuillage bruit sous le vent, les feuilles vert foncé partent en lambeaux. Dans l'intervalle des *shuro* et des palmiers qui pointent vers le ciel, l'odeur de la pluie se fait dense.

Il faut que je sois forte. Forte comme les femmes de Canton qui s'accroupissent pour faire pipi dans les lavabos. Forte comme les feuilles tropicales qui se balancent au vent, en lambeaux pourtant.

Ce sera bientôt le déclin de l'été mais je continue à porter un chapeau à voilette, des manches longues et des gants. A la ceinture, j'attache un anti-moustiques portatif. Comme les minuscules insectes passent aussi à travers les moustiquaires, dans toutes les pièces de la maison, je mets de l'encens anti-moustiques. A longueur de journée, mon corps baigne dans la fumée destinée à repousser les moustiques et sent à plein nez le produit à base de chrysanthèmes. Quand par exemple je relève la tête un peu brusquement, cette odeur s'échappe de mes cheveux.

« Décidément, vous ne changez pas vos habitudes ! » Profitant d'un tour en forêt, je suis allée à l'atelier du miel, et Kayoko a agité la main en éclatant de rire. Elle aussi porte un chapeau à voilette pour se protéger d'éventuelles piqûres, mais celui que je porte n'a rien à voir avec le sien qui, lui, est destiné à se protéger des abeilles.

« Hier soir aussi, je me suis fait piquer en plusieurs endroits !

— L'extrait de houttuynia que je vous ai donné n'a pas d'effet ?

— Vous savez, les moustiques du marais, il leur en faudrait beaucoup pour les faire fuir.

— Si je me souviens bien, l'année dernière, c'était du miel, n'est-ce pas ?

— Oui, un mélange à base de sel, de blanc d'œuf et de miel. »

Il paraît que le miel, pas autant peut-être que la gelée royale dont se nourrit la reine, a des vertus antiseptiques. Kayoko m'avait donné un peu de ce produit dont elle s'était elle-même servie, en m'assurant qu'il agissait contre les piqûres de moustiques. Cette année, elle m'avait donné de l'extrait de houttuynia. Les endroits où j'avais été piquée par des culex étaient enflés, mais j'avais beau passer dessus ce remède, les démangeaisons et les brûlures ne s'amélioraient pas. Du liquide suppurait, j'avais les bras et le visage boursouflés.

C'était pareil chaque année. Allergique à certains insectes, j'étais la seule à être victime de ces piqûres douloureuses comme la pointe d'une aiguille, et je me retrouvais boursouflée de partout. Ce n'était pas seulement le marais, tout autour, il y avait des bambouseraies qui étaient le fief des culex et des simulies. Ces insectes proliféraient d'un coup avec la saison des pluies, et je ne me séparais jamais de mon harnachement protecteur.

« La cortisone que m'a donnée le médecin n'a aucun effet non plus », ai-je expliqué à Kayoko, comme si j'en voulais à la Terre entière. J'ai ôté mon chapeau et Kayoko s'est mise à rire. Ma tête devait être tout particulièrement drôle quand elle est sortie de ma coiffe.

« Vous devriez retourner à Tôkyô au moins pendant l'été. Vous avez vraiment l'air d'un rocher ! »

Elle disait vrai. J'ai une peau incroyablement fragile, incapable de résister aux piqûres. Elle avait raison, je n'avais qu'à attendre à Tôkyô que les insectes disparaissent. Pourtant, je ne voulais pas manquer l'été de la péninsule. Ce n'était pas pour rien que j'avais décidé de faire un long séjour. Je refusais de perdre une seule seconde de chacune des journées des vingt-quatre saisons. Car après tout, ce que ma peau endurait, c'était aussi un aspect de ma vie ici, qui avait pour origine les insectes de l'été, un moment des vingt-quatre saisons de l'année.

L'été de la péninsule passait sur moi avec brutalité, épuisant mes forces.

« Dites-moi, Kayoko… » ai-je commencé.

Il y avait eu plusieurs incidents au cours de l'été. Par exemple, monsieur Kurata était tombé de son escabeau en voulant éclaircir un peu les feuillages touffus, et il s'était foulé le pied. Le vieil épervier qui tournoyait chaque matin dans les parages avait disparu, assailli par les corbeaux. La femme de monsieur Tachibana avait dû garder la chambre à cause d'un mauvais rhume, une sorte de grippe estivale. Pendant près d'une semaine, l'atelier de teinture était resté silencieux, entrecoupé seulement par les quintes de toux de madame Tachibana. Cette toux semblait si pénible que j'étais allée lui porter à l'heure du dîner du riz assaisonné et des aubergines bouillies. Je voulais connaître la fin d'une vieille histoire, c'est pour cela que j'étais passée à l'atelier du miel Ochi.

« Je n'étais absolument pas au courant. Même dans un endroit paisible comme ici, il se passe des drôles de choses ! »

J'avais dirigé son attention sur ce que je voulais savoir, mais Kayoko est restée un instant sans comprendre.

« Comment, à quoi faites-vous allusion ?

— Vous savez bien, enfin, voyons, l'histoire du squelette… ai-je dit à voix basse.

— Ah oui, j'y suis… » Et elle a regardé d'un air absent en direction du jardin. Comme si quelque chose venait d'apparaître.

« Mais vous savez, cette histoire remonte à loin, très loin même…

Dans une forêt qui s'étend à l'ouest du hameau, au creux d'une pente abrupte, il paraît qu'on avait découvert un squelette. C'était, semble-t-il, dans un endroit où l'eau s'infiltrait, une sorte de dépotoir où s'entassaient des planches pourries et des voitures bonnes pour la casse. Quant à moi, je n'avais jamais mis les pieds dans ce coin-là.

« Tout a commencé par les vipères… » a expliqué Kayoko avec une grimace et en fronçant les sourcils.

C'était l'an dernier.

Moi qui avais toujours du travail à Tôkyô, il était fréquent que je quitte précipitamment la péninsule pour regagner la capitale. Souvent aussi, je restais plusieurs jours sans seulement croiser le regard d'un voisin, et pendant longtemps, je ne m'étais même pas rendu compte qu'il s'était passé quelque chose.

« Comment ça, les vipères ? Qu'est-ce que c'est que cette histoire ? » J'ai approché mon oreille de Kayoko, pour l'entendre me raconter que le squelette avait une apparence à la fois grotesque et pitoyable. Une entreprise de démolition qui n'était pas de la région, faisant fi de l'interdiction de jeter des déchets, avait stoppé le camion pour se débarrasser dans la forêt de planches pourries. En temps ordinaire, il serait tout de suite reparti, mais lors d'un précédent passage, un employé avait laissé sur le terrain plusieurs grandes bouteilles dans l'intention de fabriquer de l'alcool en faisant macérer des vipères, certain que l'endroit gorgé d'humidité favoriserait la macération. Décidé à reprendre les bouteilles, l'homme avait marché çà et là, jusqu'à ce qu'il remarque à l'intérieur d'une voiture abandonnée sur le point de dégringoler quelque chose d'inhabituel.

« Il a déguerpi à toute vitesse, mais il a commis l'erreur de parler de sa découverte à des collègues. La police a été avertie, et on en a fait des gorges chaudes. Bien sûr, l'homme aux vipères a été arrêté. C'était apparemment un habitué des délits de ce genre, jeter tout et n'importe quoi malgré les interdictions.

— C'est malin ! » Je manifestais mon intérêt pour ce que Kayoko me racontait. Elle a continué d'un ton indigné :

« Si encore ça s'était passé la nuit, mais en plein jour, vous vous rendez compte ! Vraiment, c'est se moquer du monde ! Comme l'endroit est surtout habité par des personnes âgées qui restent enfermées chez elles et qu'il n'y a pas de patrouille dans la journée, il avait misé là-dessus, certain de ne pas se faire repérer. C'est bien fait, ça lui apprendra ! Mais vous savez, toutes les voitures de police qui se sont mobilisées, je ne vous dis pas ! C'était la première fois que j'en voyais un tel nombre, les sirènes hurlaient ! Comme un film à la télévision ! »

Des voitures abandonnées, moi aussi, j'en avais déjà repéré plusieurs dans la forêt. Qui donc pouvait bien abandonner là sa voiture, et comment ? Ce n'était pas si rare de découvrir ce genre d'épaves là où il n'y avait rien quelque temps plus tôt. La première fois que j'ai fait ce genre de découverte en me promenant dans la forêt, la peur m'a fait reculer. Je tremblais à l'idée qu'à l'intérieur de l'habitacle censé être vide, une chose étrange était peut-être enfouie.

C'était pareil pour les vipères. Comme c'est une région humide couverte de marais, les reptiles montrent leur tête entre le printemps et l'automne. Je me suis trouvée plus d'une fois en face d'une vipère, mais à la différence des couleuvres qui ne sont pas venimeuses ou des serpents à rayures, elles restent immobiles un certain moment, enroulées sur elles-mêmes. Plus qu'une attitude agressive, cette position qui prouve une obstination farouche me donne la chair de poule. Bottes de caoutchouc, gants, manches longues, si possible serpe et bâton, telle était la tenue que me recommandait depuis longtemps monsieur Kurata. Si on marche lentement en fouillant à l'aide d'un bâton au fur et à mesure qu'on avance, il paraît que la plupart du temps, le serpent s'enfuit dans les champs avant qu'on ne tombe dessus. Mais dans la forêt où j'ai l'habitude de marcher, j'oublie d'emporter serpe et bâton. Quand je crie de surprise, il est trop tard. Si par malchance je croise une vipère, la seule chose à faire est de rester sans bouger. Lutte d'endurance, qui consiste à attendre que le serpent s'éloigne dans une ondulation lente.

« Tout de même, un magnum…

— Vous savez, quelqu'un qui a été élevé à la montagne connaît ça par cœur. Autrefois, il y avait des gens qui allaient à la chasse aux vipères pour arrondir leurs fins de mois. L'utilisation des grandes bouteilles de saké était monnaie courante. Il paraît que les vipères aiment les orifices. Et les hommes dans l'ensemble adorent l'alcool où une vipère a macéré! Quand les hommes se mettent à croire à quelque chose… ne cherchez pas! Jamais une femme ne pourra comprendre ça ! a laissé tomber Kayoko avec un haussement d'épaules.

— Au fait, c'est à quel endroit ? » Je n'en revenais pas d'avoir lâché ces mots. Dans quel but avais-je posé la question ? Passe encore s'il s'agissait de quelqu'un que je connaissais, mais là…

« A quel endroit ? Mais là où vous avez l'habitude de vous promener, dans la forêt, enfin un peu au-delà. Vous n'avez pas l'intention d'aller voir, au moins ? C'est qu'à pied, vous savez, c'est assez loin. »

Kayoko parlait en gardant les sourcils froncés, visiblement elle ne voulait pas se sentir concernée. Puis elle a dit : « Bon, il est temps de prendre le thé ! »

Le lendemain, je me suis fait montrer par madame Kawahara le journal local qui relatait l'incident. Kayoko m'avait prévenue que sûrement personne dans le coin ne gardait les vieux journaux, mais j'ai découvert que madame Kawahara rangeait certains articles dans un classeur, mêlés à des recettes de cuisine et des modes d'emploi.

« Vous comprenez, comment dire, ce n'est pas une histoire réjouissante, mais pour le coin, c'était un truc à sensation ! Mon mari m'avait dit de jeter tout ça, parce que c'était de mauvais goût ! » Elle avait l'air de regretter un peu d'avoir conservé l'article, comme de la mauvaise conscience. Elle l'avait soigneusement découpé, il devait n'occuper qu'un bout de page car il n'était pas plus gros qu'une boîte d'allumettes.

Le titre était *Un squelette en forêt*. Je résume :

« Tel jour, la police a été avertie qu'un squelette avait été découvert dans la forêt du district de X de la ville de S, dans le département de Mie. La police a déclaré que la découverte était due à un homme âgé de 51 ans, entrepreneur de la ville de K dans le département de Wakayama, qui avait déversé à plusieurs reprises des déchets en forêt, outrepassant le décret d'interdiction. Depuis quatre ou cinq ans, l'homme se débarrassait dans la forêt des décombres de plusieurs bâtiments destinés à la démolition. Après avoir découvert le corps, il avait pris la fuite, craignant d'être impliqué pour fraude. Il avait par la suite consulté quelqu'un de sa connaissance, qui avait prévenu la police. La police a arrêté l'homme sous l'inculpation de violation du décret d'interdiction de jeter des ordures, en même temps, une enquête a été ouverte pour découvrir l'identité du squelette ainsi que la cause du décès. »

Une force mystérieuse m'entraînait. Au-delà du texte banal, c'était comme si quelque chose gardait les yeux fixés sur moi, je n'arrivais pas à quitter l'article des yeux, et c'est madame Kawahara qui m'a fait sortir de mon état d'hypnose.

Ainsi, il y avait une cavité.

La forêt que j'aime. Dans la profondeur du bois, imprévisible, il y a un trou. Les herbes qui sentent bon, les rayons de soleil qui traversent les branchages, et plus loin, une chose inimaginable se trouve enfouie.

D'un placard de la cuisine montait l'odeur des concombres mûrs et de légumes bons à jeter. A cette odeur de pourriture se mêlait celle de la fine fumée de l'encens pour éloigner les moustiques, l'air devenait étouffant, irrespirable. Quelque part, le bourdonnement des ailes des lucanes et des hannetons emplissait l'air.

Dans la pièce où j'avais éteint la télévision, je regardais le plafond, allongée sur le canapé. Dans mon cerveau ramolli par la chaleur, j'entendais la voix lointaine de Telly-Telly. La forêt qui m'était familière se transformait peu à peu en un lieu malsain. Un squelette ? Un cadavre ? C'était comme si un courant d'air traversait mes orbites. Exposé au vent et à la pluie, le corps qui devient la proie des asticots, entouré de scolopendres, d'animaux sauvages, se transforme en ossements, et son effroyable solitude, sa tristesse insondable font des arbres de la forêt une chose profondément malfaisante. Cette façon de mourir, est-ce cela qu'on appelle retourner à la terre ? Je me laisse glisser du canapé, me lève et m'allonge de nouveau, mais le recueil de poésie de Kaneko Mitsuharu que j'avais ouvert machinalement est devenu une suite inintelligible de caractères, le sens ne m'apparaissait plus. Mon cerveau a été traversé par le mot « sépulture naturelle », suivi bientôt de « pâture pour les oiseaux ». Les corbeaux savaient-ils ? Mon regard ne quitte pas la page que j'ai marquée d'un post-it, une page que j'aime. Le papier du livre craquait légèrement, plus vivement que d'habitude. Les lettres devenues des signes se répétaient inlassablement, passant de l'ombre à la lumière en clignotant. J'ai tendu l'oreille, dehors régnait un silence infiniment plus dense qu'à l'intérieur de la maison. L'agitation des lettres devenait insupportable.

Un moment plus tard, un sommeil irrésistible m'a envahie. Quelque part au loin, un clapotis, le bruit de l'eau qui coule. Est-ce le bruit que fait maman quand elle est aux toilettes, est-ce la pluie qui s'est peut-être mise à tomber ? Le robinet de la cuisine est-il mal fermé ? Ou bien, est-ce la forêt où suinte de l'eau dans l'obscurité ? Des ossements ? Où donc est mort l'homme dans cette forêt que j'aime ? Je ne veux pas penser aux morts. Je veux voir seulement les vivants. J'ai pris cette décision mais dans mon cœur, d'innombrables ombres se superposent, les ombres de ceux qui sont à la recherche d'un endroit pour mourir. Après tout, ce n'est qu'un inconnu. Mais je voulais que personne ne vienne déranger la forêt que j'aime. Je ne voulais pas qu'elle soit souillée... Je ne veux pas, il ne faut pas.

Tandis que je remuais ces pensées, le sommeil a fini par m'emporter.

Le surlendemain, Kayoko m'a téléphoné.

« Vous avez le temps maintenant ? Mon mari est là, et il propose de vous indiquer l'endroit, si cela vous intéresse. De mon côté, je n'y tiens pas vraiment, mais...

— Je me prépare ! » ai-je répondu. Seule, je n'avais pas l'intention d'y aller, mais en compagnie de Kayoko et de son mari Yôji, je me suis dit que c'était possible. Moins de dix minutes plus tard, la voiture de Kayoko était devant la maison, j'ai grimpé à l'intérieur, chaussée de mes bottes panthère en caoutchouc, coiffée de mon chapeau à voilette, non sans avoir accroché à la ceinture mon anti-moustiques portatif. A côté du conducteur, Yôji, tout bronzé, avec un sourire éclatant qui met en valeur la blancheur de ses dents.

« Bonjour !

— Tiens donc, ça faisait longtemps ! »

Il doit être rentré depuis un moment de son voyage avec les abeilles, mais je n'ai pas encore eu l'occasion de le voir. Depuis son retour dans la péninsule, le travail ne manque pas, car il prête certaines de ses abeilles aux agriculteurs qui cultivent sous serre des légumes et des fruits. C'est pour la pollinisation. Ses allées et venues le conduisent avec sa petite camionnette à transporter les ruches dans le département mais aussi en dehors.

Yôji s'éponge tout le temps avec la serviette qu'il porte autour du cou. Sans doute a-t-il déjà travaillé car son tee-shirt est trempé de sueur dans le dos. Comme il est grand, il a l'air complètement coincé, assis à côté du conducteur, dans le véhicule trop petit pour sa carrure.

Kayoko roule vite sur la route où il n'y a personne. Le pied sur l'accélérateur. L'asphalte est irrégulier et la petite voiture rouge fait des embardées à gauche et à droite. Les herbes qui ont poussé sur le bas-côté viennent frôler ses flancs. De chaque côté de la route qui reçoit les rayons du soleil, les lis tigrés sauvages aux pétales écartelés lancent leurs longues tiges. Par ici, on trouve partout ces fleurs estivales.

Par endroits, la route prend une teinte rouge foncé, c'est à cause des arbouses qui sont tombées, arrivées à maturité, et qu'on a écrasées. Le jus de ces fruits colore d'un sang sombre la route que la rosée fait briller en noir. Chaque fois que la voiture passe sous les branches basses, on entend des fruits desséchés qui tombent sur le toit de la voiture en même temps que les feuilles mortes.

« Le moins qu'on puisse dire, c'est qu'elle ne conduit pas en douceur ! »

Kayoko ne ralentit pas pour autant. Le monstre se faufile sur d'étroits chemins de village et fonce dans la direction empruntée par l'entreprise de démolition.

A pied, je saurais où je vais, mais pour moi qui n'ai pas de voiture, le trajet reste complètement incompréhensible. Le paysage qu'on découvre en marchant a beau être le même que celui qui défile en voiture, la vitesse le rend méconnaissable. J'ai seulement le souvenir des abords de la forêt. Cette forêt dont je connais l'épaisseur quand je la vois de loin, voilà qu'elle se prolonge en pente.

« Nous y sommes », a lancé Kayoko en s'arrêtant brusquement.

J'ai mis pied à terre et j'ai tout de suite remarqué un monceau de gravats. Des barres de fer rouillées, des blocs en béton armé, des clous tordus, des tuiles en miettes, un seau en plastique rempli d'une eau brunâtre, des planches de bois pourries, des sandales en caoutchouc, des tubes de néon cassés en deux, quelques tatamis imbibés d'eau boueuse, un canapé éventré, de la tôle, des gouttières, des jarres cassées, de vieilles briques, des blocs de ciment… On ne pouvait poser le pied nulle part. Tout était couvert d'une mousse brunâtre, de taches noires constellées d'insectes morts.

« Quelle horreur ! » a dit Yôji, qui était resté au bord du chemin, les poings sur les hanches. Kayoko ne disait rien, plantée à côté de la voiture. Sans doute pensait-elle qu'il fallait vraiment avoir les nerfs solides pour s'intéresser à ce genre d'endroits.

Sur la pente, un liquide effrayant ruisselait sur les rochers, une odeur complexe de pourriture et de produits chimiques émanait de l'endroit. Avait-on déversé aussi du pétrole, des reflets bleuâtres dessinaient des motifs brillants sur les flaques d'eau. Au milieu, on découvrait la place béante qu'avait laissée un objet lourd quand on l'avait extrait.

Etait-ce ici qu'on avait découvert le squelette en même temps que l'épave de la voiture ? Tout autour, les chênes-lièges, les pins, les cèdres jetaient leur ombre noire, et une multitude d'insectes et de papillons blancs voltigeaient.

Il ne faisait pas de doute que l'endroit se prêtait à la capture des vipères. Les jambes tremblaient à la pensée que, d'un moment à l'autre, on pouvait apercevoir un éclat bleuté, mince lumière captive.

« On dirait le fond d'une marmite qui a cramé », a fini par dire Kayoko, comme si les mots franchissaient sa gorge avec peine.

Sans doute avait-on déversé des détritus à plusieurs reprises, car on avait l'impression que le fond dissimulait encore une montagne de déchets. Par endroits, là où perçaient les rayons de soleil, au pied des arbres qui mêlaient leurs racines, des fleurs rouges comme des poissons en train de nager, des fleurs de l'été étendaient leurs bulbes.

Sûrement, le bois pourri et le torchis déversés ici avaient fait fleurir ces fleurs. La végétation qui continuait à vivre malgré la quasi-absence de soleil avait, en dépit de la délicatesse de la forme ou des couleurs, un air insolent. Cette fosse où les herbes ne poussaient pas bien haut n'était pas en harmonie avec le rouge des fleurs, et le cœur se serrait à leur vue.

Nous avons passé un moment à regarder en silence la montagne de détritus. Personne ne se risquait à évoquer les ossements humains. Bientôt, Kayoko a lancé d'un ton agressif : « Ça me donne mal au cœur ! »

Je comprenais très bien le malaise qu'elle devait éprouver. Moi aussi, j'étais écœurée. Qu'est-ce qui m'avait pris de vouloir venir dans un endroit pareil ? Je regrettais ma légèreté. Le malaise qu'on éprouve après avoir vu quelque chose qu'on n'aurait pas dû voir alourdissait mon angoisse qui s'accompagnait de nausée. En même temps, j'étais troublée d'avoir osé fouler de mes pieds la mort, nerveuse d'être consciente, de façon palpable, que j'étais moi-même un être pourrissable et éphémère.

Qu'avais-je donc voulu voir ? Avais-je nourri l'illusion que l'âme du mort censée imprégner l'endroit viendrait à moi ?

Lorsque j'avais découvert la barque enfoncée dans le marais, j'avais éprouvé une sorte de joie. Parce que j'avais eu l'impression que je faisais la rencontre de quelque chose qui m'attendait. La proue de la barque qui pointait vers le soleil avait chauffé ma main comme un être vivant, dès que je l'avais effleurée. Mais ce que mes yeux voyaient à présent était d'une tout autre nature. Ce n'était pas une chose que j'avais voulu voir, ce n'était pas non plus une chose que j'espérais voir. Bien au contraire, le spectacle qui s'offrait à mes yeux enveloppait d'une ombre sinistre les coins et les recoins de la péninsule que je n'avais vus jusque-là que lumineux et joyeux. Ces décombres éparpillés étaient malfaisants, funestes. Les fleurs rouges aussi avaient un aspect maléfique. Quelle intense solitude ! L'endroit niait la musique joyeuse qui émanait de la forêt. Dans son silence, il rejetait l'homme. Est-ce cela que j'avais voulu voir ?

Quand je me suis ressaisie, des chants d'oiseaux emplissaient l'air, mais les oiseaux restaient invisibles. Leurs cris étaient aigus, comme si notre présence leur causait de la peur, attisait leurs nerfs. Nous restions au beau milieu de tout cela, hébétés, à regarder la montagne de détritus et l'eau boueuse.

« Bon, ça suffit, je crois. Rentrons ! » a dit Kayoko, et j'ai murmuré un mot d'excuse. On était en plein été, pourtant, je sentais depuis un moment le froid gagner la plante de mes pieds à travers la semelle de mes bottes. Ce n'était pas seulement l'humidité du sol, un froid étrangement oppressant me creusait le ventre.

Il ne faut pas fréquenter les morts. N'approchez pas les morts ! Tant qu'ils ne viennent pas vers vous, ne cherchez pas inconsidérément à franchir la frontière qui sépare les vivants des morts !

Sur le chemin du retour, Kayoko roulait bien moins vite. Même, elle allait presque au pas. Elle tentait de trouver une sorte d'apaisement. Quant à Yôji, il ne disait plus rien. Moi aussi, je restais muette. Par moments, quand on entendait crisser les herbes qui frôlaient les flancs de la voiture, je regardais la route toute sèche. Le véhicule était rempli de fumée, l'encens contre les moustiques qui pendait à ma ceinture saturait l'air, je n'aurais su dire depuis quand.

Début de l'automne. Tailler les arbres à feuilles persistantes. Changer la terre des plantes en pot, planter les bulbes. Faire des boutures. Semer les choux mizuna et la moutarde épinard. Cueillir les aubergines, les tomates cerises, les poivrons. Concombres amers, cornes grecques, corètes potagères sont à leur apogée.

Kurata et Kawahara m'apportent plein de concombres. Je consacre plusieurs jours à les mettre à macérer dans de la sauce de soja.

Je descends jusqu'à l'estuaire ramasser des petits coquillages asari. Je les mets dans l'eau et les frotte énergiquement. Ils sont plus petits que ceux qu'on peut acheter. Tous les soirs, je fais cuire des pâtes avec une sauce au vin et des coquillages.

Ce que je dois acheter : une grosse boîte d'encens anti-moustiques, du vinaigre, de la mayonnaise, du thon en boîte, du papier toilette, du vin pour cuisiner.

Quand la fête du *Bon* approche, la fête des Morts, le hameau s'anime d'un seul coup.

Monsieur Mochizuki arrive d'Osaka en compagnie de sa femme. La maison des Hiraoka ouvre ses fenêtres en grand. Les Kawahara reçoivent pour quelques jours leur fils, sa femme et ses deux enfants. Il paraît que les Tachibana eux aussi attendent l'arrivée de plusieurs petits-enfants.

Seul Kurata est parti pour, explique-t-il, « s'acquitter de ses devoirs » envers sa famille qui habite à Nara. Deux fois par an, il regagne son domicile où sont restés sa femme et ses enfants, au Jour de l'an et à l'occasion du *Bon*. Avant de partir, il remplit une boîte en polystyrène de légumes fraîchement cueillis, de poissons de la région, et il se met au volant, cravaté, en veste de lin, sans oublier de poser sur le siège un panama blanc. Impeccable, Kurata a de l'allure quand il se rend ainsi chez lui. J'ai presque envie de lui dire qu'il est plutôt dandy, vêtu de la sorte, mais quand il revient dans la péninsule, où se change-t-il, il a retrouvé sa tenue de travail, une drôle de salopette.

Je n'arrive pas à imaginer de quelle manière l'accueillent sa femme et ses enfants, cet époux et ce père qui ne vient les voir que deux fois par an, mais je me doute que l'épouse doit poser des yeux inquiets sur ce mari qui a décidé de vivre seul la plupart du temps à la campagne. Quand je lui fais sentir à demi-mots que je me pose la question, il me répond : « Vous savez, je téléphone à la même heure tous les jours, pour bien prouver que je suis vivant » et il éclate de rire en ajoutant : « La paix au foyer, la paix au foyer ! »

Sans doute est-il de bonne humeur à l'idée de retrouver les siens, il décide une semaine à l'avance ce qu'il a l'intention d'emporter et il s'affaire tant et plus. Le jour de son départ, il est venu m'apporter des filets de poisson congelés, des coquillages, des choux de Chine encore pleins de terre et un poivron gigantesque qui ne trouvaient pas leur place dans la boîte. « Je vous en fais cadeau ! » Les filets de poisson et les coquillages, il les avait préparés lui-même, quant aux légumes, inutile de dire qu'ils proviennent de son champ.

Il ne reste jamais plus de trois ou quatre jours, c'est son style de vie. « Comment, déjà de retour ? » Il étonne tout le monde. Si c'était pour revenir aussi vite, ce n'était pas la peine de me donner légumes et poissons, mais pour lui, s'absenter de la péninsule s'accompagne nécessairement du désir de laisser quelque chose derrière lui, comme un mécanisme indispensable à sa psychologie.

En ce sens, Kurata est adorable. A son retour de Nara, il vient me saluer en disant : « Décidément, on est bien ici. Là-bas, j'ai vraiment du mal à trouver ma place », avec un rire mitigé.

« Retour du père. On a dû vous accueillir dans la joie ! » Je le taquine, mais il s'emporte presque en m'expliquant qu'en ville, le corps devient paresseux.

« Les choses n'ont pas le même goût que celles que je fais moi-même. Vous voyez, moi, j'aime ce qui est fait maison. Ce qu'on mange au restaurant, c'est comme un défilé de mode, c'est bon pour les yeux. La veille de mon retour, j'ai même rêvé de margoses !

— Comme vous y allez, avec votre défilé de mode ! Quant aux margoses qui pendouillent, non, vraiment ! »

Je me mets à rire. Tous les ans, Kurata cultive dans son champ de ces concombres amers. Cette année aussi, il en a réussi quelques dizaines, bien verts, qui se balancent dans l'air. De retour, c'est d'un pas allègre qu'il a cueilli ceux qui étaient mûrs, la joie l'a fait courir dans la bambouseraie. Où est passé son beau panama, car ce qui lui couvre la tête maintenant, c'est un chapeau de paille décoloré. On a l'impression qu'à peine éloigné des siens, il veut distribuer son amour à son champ et à ses bambous.

Les quelques jours qui ont suivi l'entrée dans le *Bon*, le hameau a retenti de voix, de cris, de rires qui déferlaient comme des vagues. Le parler d'Osaka qui est celui des Mochizuki, le bruit du moteur de la voiture des Hiraoka qui allaient jouer au golf, un terrain de la région qui a leur prédilection. Les voix pleines d'entrain du fils des Kawahara et de ses enfants qui jaillissaient des fenêtres, quant aux Tachibana, sans doute emmenaient-ils tous les jours leurs petits-enfants à la plage, car on voyait sur la corde à linge des maillots de bain de la taille d'un mouchoir. L'excitation joyeuse qui annonce les préparatifs d'un barbecue emplissait le jardin.

Pendant ces longues journées d'été, mes oreilles résonnent du brouhaha sans contrainte de mes voisins, et je décide de faire la sieste, ou d'arracher les plants d'iris qui commencent à se dessécher. Les plantes de l'été grandissent à une allure vertigineuse. On a beau les arracher, elles surgissent à l'improviste le lendemain à un autre endroit. Misant sur la fraîcheur du crépuscule, je désherbe au petit bonheur.

Dans l'intervalle de ce travail qui me met en sueur, je m'amuse à regarder des fourmis rouges en train d'escalader le tronc d'un chêne-liège. Les crabes rouges qu'on peut voir sur la plage ou sur la digue, les bruns, les petits qui sont verdâtres, sortent leurs pinces comme des lames de ciseaux pour monter tout droit le long de l'écorce rugueuse des arbres. Portant le poids des pinces et de leur carapace qu'ils déplacent avec lenteur, c'est un cortège à l'échelle millimétrique.

J'ai eu l'occasion de voir dans une émission télévisée des crabes des îles du Sud, qui font tomber les fruits des cocotiers en escaladant les troncs, mais je ne les ai encore jamais vus à l'œuvre. Ce sont apparemment ces crabes aux pinces rouges que madame Kawahara disait voir un peu partout en période de pondaison. J'en ai conclu que cette année encore, j'avais assisté à la procession des crabes vers le site destiné à la ponte des œufs.

« Je me sens vexée. Enfin, tout de même, vous pourriez vous excuser quand vous passez, non ? » ai-je murmuré, tout en jetant un coup d'œil alentour, pour constater que les plates-bandes, les sentiers champêtres, les bords du marais étaient pleins de trous. Ces trous, de deux centimètres environ de diamètre, constellent les pieds des plantes, les tiges des fleurs, la vase du marais.

En déplaçant quelques tuiles que j'avais consolidées avec de la terre, j'ai découvert toute une famille qui s'était réfugiée là. Pris de frayeur, dérangés par la découverte de leur retraite, surpris par la lumière et l'air, les crabes se sont précipités dans un autre trou. Etaient-ils sortis d'œufs pondus dans le jardin, venaient-ils de la mer, quoi qu'il en soit, ils avaient élu domicile dans mon jardin qui avait dû leur paraître agréable à vivre. Je savais que les petits crabes se multipliaient d'un seul coup à un moment de l'année qui devait correspondre à la période de leur croissance. En regardant les crabes en train de se croiser ou de se dépasser, je ne savais plus si c'étaient des crabes de l'année, de l'an passé, ou encore de dizaines d'années, ou même de milliers d'années. Tout se mélangeait, se diluait, c'était comme s'ils commençaient, ici et maintenant, à exister.

Le soir, au-delà des arbres noirs, j'entendais monter, de la rive opposée où se trouvent des résidences secondaires et des hôtels, de la musique qui accompagnait sans doute une soirée, jouée par un orchestre au complet. Un autre soir, c'étaient des voix qui se mêlaient au karaoké, ou encore le crépitement d'un feu d'artifice. Tous ces bruits, portés par le vent de la mer, accompagnés parfois d'une tonalité paisible, parfois aussi de grondements, arrivaient jusqu'à moi.

Les étoiles sillonnaient le ciel sans discontinuer. Les constellations traversaient le firmament dont nulle lumière citadine ne venait trouer les ténèbres. La plus lumineuse est le Scorpion. Antarès, son emblème rouge, au cœur de la constellation, se déplace avec lenteur. Le regard se laisse ensuite guider par la Balance, à l'ouest du Scorpion, et la Voie lactée qui s'étire. Les étincelles que lancent les innombrables étoiles brillent comme les vagues d'une rivière céleste.

Mystère du firmament étoilé, si profond qu'on croit se laisser emporter, si proche à la fois qu'on croit pouvoir l'effleurer des doigts.

Les soirs habités par la lune, la forêt noire s'entoure d'une lumière bleutée. Simultanément, le marais s'éclaircit au reflet de la lune à la surface de l'eau. Juste au-dessus, dessinant la courbe mince d'un concombre, son croissant traverse le ciel, à moins que la pleine lune ne prenne la place.

Je fais brûler encens sur encens, et mon plaisir de chaque soir est de contempler depuis ma terrasse le mouvement de la lune et des étoiles. Je m'étends sur une chaise longue et je regarde d'un œil nonchalant la voûte céleste. Alors, un remous traverse mon corps de la tête aux pieds. Est-ce le tremblement de la rotation de la Terre ? J'éprouve une sensation inconnue qui m'enveloppe tout entière, comme si mon corps et le ciel étaient liés pour un instant. En même temps, sans se perdre, mon être reste attaché à la terre, et j'ai l'impression sans pouvoir me l'expliquer que j'assiste à un miracle. Le frémissement du vent nocturne, le bruissement léger des feuilles font-ils fondre mes cinq sens, le corps et ses organes se séparent sans hésitation du temps humain, pour se transformer en une chose inconnue. Ah, est-ce ainsi que le corps quitte la chair ? Est-ce cela, la sensation du néant ? Il me semble que quelque part, très loin, je me suis introduite dans le corps d'un être inconnu.

L'oreille tendue, fixant les yeux sur le ciel semblable à un liquide inconnu, j'offrais mon corps à l'obscurité. Ephémères et moucherons tournoyaient en dessinant des arcs, s'agglutinaient dans la lumière. Sur la moustiquaire, un énorme lucane et une mante religieuse restaient collés. Quelque part dans la forêt, le craquement d'une branche ou le froissement de feuilles étaient sûrement le signe du passage d'un blaireau ou d'un lièvre à la recherche de nourriture. Tandis que je guettais la présence de tous ces êtres vivants, je me prenais à souhaiter devenir, ne fût-ce qu'une fois, un animal sauvage.

L'an dernier, lorsque je faisais encore des allées et venues entre Tôkyô et la péninsule, j'évitais de faire un séjour dans les moments où l'affluence était à son comble, si bien que même si j'occupais très souvent la petite maison, j'ignorais complètement la vie qui s'y déroulait en plein été. Ce qui explique que le ciel lourd d'étoiles, l'activité des animaux comme des insectes, tout ce qui donnait son animation à l'endroit était pour moi inédit, en même temps, cette animation était teintée d'une mélancolie dont je n'avais jamais encore fait l'expérience, une mélancolie douce.

Peut-être Mochizuki était-il habité par le même sentiment que moi, car il regrettait de ne pas avoir amené ses petits-enfants, se plaignant que seul en face de sa femme il ne savait pas comment occuper son temps et se sentait étrangement triste quand venait le soir.

Monsieur et madame Mochizuki ont tous deux dépassé les quatre-vingts ans, et ils avaient beau s'exhorter mutuellement au jardinage, le corps ne se mettait pas facilement à l'ouvrage. De surcroît, comme le soleil frappait sans répit, le courage ne leur venait sans doute pas, si bien qu'ils se contentaient de regarder la télévision dans leur maison où l'air conditionné fonctionnait en permanence. Le soir, il ne restait plus qu'à se coucher.

Mais quand le soleil tapait moins fort, ils quittaient ensemble la maison. Quelques années plus tôt,

Mochizuki, tenant compte de son âge, avait renoncé à renouveler son permis, et ils recouraient aux services d'un taxi de la région. Chaque fois, une voix un peu éraillée montait jusqu'à moi.

« Dites, vous ne voulez pas venir avec nous au supermarché ? J'ai appelé un taxi, si ça vous dit, on vous prend avec nous ! »

J'acceptais avec joie l'invitation. En général, une fois par semaine, je prends l'autobus qui fait l'aller et retour toutes les heures jusqu'à un grand supermarché de la banlieue. Quand quelque chose vient à manquer, il y a, à une dizaine de minutes à bicyclette, une coopérative agricole ainsi que Makomo, un commerce en tout genre, où je me précipite pour m'approvisionner en huile et vinaigre, glaces, pain, papier toilette, lessive, bref, un minimum de choses indispensables. Mais je n'arrive pas toujours à trouver ce que je veux.

Ces derniers temps, je cuisinais tout le temps les margoses que venait m'apporter Kurata, dont la récolte avait été cette année miraculeuse. Je les accommodais en salade, en ratatouille, je les laissais mariner dans le vinaigre, je préparais des *tsukudani*. Je mangeais aussi des potirons dont on me faisait cadeau, qui me servaient à faire du potage ou des gratins. Voilà pour l'essentiel de ma nourriture, sans oublier le tofu qui constituait mon déjeuner avec des nouilles très fines, dont je commençais à me lasser pour de bon. J'avais épuisé mes réserves en poisson, viande, pâte à pizza, tout ce que j'avais mis au congélateur, et dont il ne restait plus rien depuis quelques jours. J'ai mis dans ma poche la liste de tout ce qui me manquait, assaisonnement, viande, des tas d'autres choses que j'avais oublié d'acheter, et je me suis empressée de répondre à l'appel.

Mochizuki est un homme d'affaires d'Osaka. A l'origine, il dirigeait une entreprise de menuiserie, puis il avait ouvert en banlieue une sorte de Bricorama après la mort de son père. L'entreprise avait été un succès, et plusieurs succursales avaient ouvert, principalement dans la région d'Osaka. Mochizuki qui avait cédé dix ans plus tôt la place de directeur à son fils menait à présent la vie qu'il voulait. Il habitait un appartement à Osaka et voyageait beaucoup avec sa femme. A l'époque où ils avaient fait construire une maison dans la péninsule, ils y venaient souvent, mais maintenant leur séjour se limitait à l'équinoxe de printemps, à la fête du *Bon* et aux premiers jours de l'année. Comme, de mon côté, j'évitais précisément ces périodes, nous n'avions pas souvent l'occasion de nous voir, et il a fallu du temps pour que nous sympathisions. A force d'accumuler les rencontres, les Mochizuki ont fini par se montrer à découvert, ce sont des gens chaleureux.

Un grand terrain, d'énormes pierres qui font qu'on ouvre grand les yeux, plusieurs places pour s'asseoir. Un jour, j'ai oublié à quelle occasion, Mochizuki m'a dit : « Mon passe-temps favori, c'est de regarder les pierres. Dans un appartement, c'est impossible, c'est pour ça que j'ai acheté un terrain ici. J'ai réalisé un vieux rêve ! » De temps en temps, il s'assied sur l'une d'elles et il arrache les herbes, tout en s'adressant à moi qui plante des fleurs en pot :

« Si vous vous contentez de changer la terre en surface, vous n'obtiendrez pas grand-chose. Creuser pour creuser, autant chercher de l'or. Une femme qui cherche une mine d'or, voilà qui est séduisant ! »

Il n'est pas homme d'affaires pour rien, ses propos sont à grande échelle. Aujourd'hui aussi, dans le taxi, il parle rondement :

« On crève de chaud mais votre chat, lui, il ne se gêne pas pour arpenter mon jardin sans s'en faire. C'est un fameux matou, votre animal ! Notre petit Husky d'Osaka (je n'ai jamais réussi à savoir si c'était le nom du chien ou simplement l'espèce), il croule sous la chaleur, lui. Tous les chats sont comme ça ? Ils ne se laissent pas abattre par la chaleur ? »

Mochizuki ne se prive pas de poser des questions auxquelles je ne peux pas répondre. Tout de même, traiter mon chat de matou… En réalité, il a dit macho. Mon chat, un macho, il fait fort tout de même. A-t-il enregistré le mot en entendant parler son fils ou son petit-fils ? Enfin, disons-le, mon chat est un chat macho, je dois le reconnaître. Le jardin souvent désert des Mochizuki est devenu depuis longtemps son territoire, il se prélasse sur la terrasse comme si elle lui appartenait, folâtre dans les herbes remplies d'insectes. J'y pense : hier, sous le plancher bien aéré, il avait décidé de se prélasser à la fraîche. Je me sens quelque peu redevable, et je fais preuve d'humilité.

« Je vous présente mes excuses à la place de mon chat qui se permet d'entrer chez vous. Surtout, ne vous gênez pas pour le chasser si vous l'apercevez !

— Non, non, ça ne me dérange pas du tout. Laissez-le faire ce qu'il veut. Et puis, ça fait de la vie, j'aime bien voir quelque chose remuer. Le plaisir des yeux, quoi ! » a ajouté sa femme en riant.

Les Mochizuki. Lui, imposant comme une pierre de jardin. Elle, ronde comme un caillou. Comme si nous voulions combler le temps perdu, nous avons continué à bavarder, à l'infini.

« Combien de fois encore pourrons-nous venir ? Mon mari et moi, nous en parlons souvent. Le temps passe si vite ! On vieillit sans même s'en apercevoir », a dit madame Mochizuki d'un ton pénétré. Nous étions assises l'une à côté de l'autre.

« Ma mère dit exactement la même chose.

— Au fait, votre mère va bien ? » demande Mochizuki en se retournant. Il avait pris place à côté du chauffeur.

« Oui, je vous remercie. Elle est venue en juin, pour voir les lucioles, vous savez.

— Ah bon, les lucioles ? On en voit donc par ici, dans ce coin perdu de montagne ?

— Mais oui. Apparemment, le marais en bas de chez moi est leur territoire.

— Ça alors ! Il faut absolument venir voir le spectacle l'an prochain. Décidément, on a tout avantage à vivre longtemps ! Si je ne me trompe, votre mère a un problème aux jambes, n'est-ce pas ?

— Oui, enfin, si on veut. En fait, elle a une prothèse, qui lui convient à merveille. Elle peut marcher en poussant son fauteuil roulant.

— C'est tout bonnement magnifique ! Nous, par exemple, nous avons bien nos deux jambes, mais ça ne nous empêche pas d'être à moitié des fantômes, lance Mochizuki en secouant les épaules.

— Qu'est-ce que tu racontes ? A-t-on déjà vu des fantômes aussi bien nourris que toi ? Tu aurais intérêt à maigrir un peu, si tu as l'intention de passer pour un fantôme ! » a répliqué sa femme en éclatant de rire.

Au bord de la route, des coquilles d'huîtres perlières d'élevage attiraient les mouches dorées qui bourdonnaient alentour. La masse blanche qui était conservée pour servir d'engrais répandait une odeur de pourriture au soleil qui étincelait. En certains endroits, des bâches noires ou bleues couvraient le tout, mais pour la plupart, les coquilles restaient exposées au soleil.

Par moments, la lumière faisait chatoyer l'intérieur nacré des coquillages. Tout en regardant vaguement ce spectacle de la fenêtre du taxi, j'ai déclaré d'une voix gaie : « Eh bien, en juin prochain, nous contemplerons ensemble les lucioles ! »

La canicule s'était installée depuis la fin de la saison des pluies et la chaleur m'avait enlevé mes forces, j'étais épuisée. Bien entendu, ce n'était pas sans rapport avec l'affaiblissement physique qui venait avec l'âge, mais surtout, je n'avais pas la moindre idée de la façon dont passer les fêtes du *Bon*. En allant chez ma mère, j'aurais pu plus ou moins traverser sans mal cette période de l'année, mais depuis quelques années je n'y allais plus. Il serait plus juste de dire que j'évitais d'y aller. Non seulement je ne voulais pas déranger l'intimité de mon frère, de sa femme et de leurs deux enfants qui faisaient leurs études universitaires en province et venaient exceptionnellement passer ces quelques jours près de ma mère, mais surtout je savais que je n'y trouverais pas la paix, dans la mesure où je n'avais pas ma place là-bas. Les réunions de famille étaient exclues de mon paysage quotidien, car appartenant à un trop lointain passé.

C'est pourquoi, tout en ayant douloureusement conscience de me refermer sur moi-même, je m'appliquais à ignorer les gens de la péninsule qui passaient en famille ces quelques jours. Je mettais de l'acharnement à arracher les herbes, je m'obstinais à tailler les massifs d'hortensias dont la floraison était finie, j'apportais de la terre dans les plates-bandes qui commençaient à se défaire. Je me forçais, et ce manque de naturel, cette gêne qui m'empêchaient d'être à l'aise, cette fatigue, se diluaient dans les rires que je partageais sans retenue avec quelques-uns.

J'avais en horreur les lieux de villégiature fréquentés par les touristes aisés venus de la capitale ou les jeunes, et monsieur Mochizuki qui s'était fait construire une maison à l'écart de tout cela était une présence qui m'incitait à vouloir partager ma façon de sentir les choses. Et voilà qu'il disait ne pas être sûr d'être en vie l'an prochain… Animée du même sentiment qui me faisait encourager ma mère, je voulais battre des mains en lui disant que l'année prochaine arriverait bien vite.

A ce moment de l'année, Tôkyô devait être bien calme. La circulation autour de l'immeuble était plus clairsemée, l'animation du quartier au ralenti. Cela m'a rappelé que je n'avais pas loué de vidéos depuis longtemps. Profitant de ce que le quartier était tranquille pendant le *Bon*, j'empruntais des films que je regardais, allongée sur le canapé mollasson. Qu'est-ce que j'avais bien pu regarder la dernière fois ? Je me rappelais Charlotte Rampling attendant le retour de son mari disparu au bord de la mer, poursuivant une chimère, les fruits et légumes du Sud qu'une femme cuisinait d'une main pleine de charme dans une coproduction franco-vietnamienne qui s'appelait *L'odeur des papayes vertes*, rien que de vieux films. Pourtant, j'avais dû en voir beaucoup de récents, chinois ou coréens, mais aucun titre, aucune image ne me revenait.

Ce qui me traversait l'esprit, c'était seulement la chaleur qui tremblait sur l'asphalte de Tôkyô vidé de ses voitures. Au-delà de l'air voilé, l'été de la capitale frémissait comme une image virtuelle.

Les Mochizuki et les Hiraoka sont repartis le 18 août. Les petits-enfants des Tachibana n'étaient plus là non plus. En me promenant, j'ai jeté un coup d'œil du côté de l'atelier, mais les maillots de bain pour enfants avaient disparu et des foulards et des tee-shirts fraîchement teints étaient retournés occuper les longues perches de bambou où on met le linge à sécher. Violet, rouge, rose, bleu ciel. Par moments, l'odeur entêtante de l'indigo, portée par le vent, flottait dans l'air. Dans le vaste jardin, le clérodendron *kusagi*, qui donne une belle couleur, était couvert de fleurs violettes.

Tachibana est arrivé ici bien avant moi et il s'est carrément enraciné. Après avoir travaillé jusqu'à la retraite comme ingénieur spécialisé dans une entreprise de construction de machines-outils, il s'est installé dans la péninsule avec sa femme, pour réaliser leur rêve de teinture naturelle et de tissage, et a planté une grande variété d'arbres. Il m'a expliqué qu'ils voulaient posséder un atelier dans une région où se trouvaient à la fois la mer et la montagne. Tout comme celle de Kayoko, la femme de fer devenue apicultrice, la métamorphose de monsieur Tachibana qui avait choisi de finir ses jours à l'opposé de la technique m'emplissait d'étonnement et de curiosité.

« C'est vraiment étrange. Passer d'une formation scientifique de haut niveau, de la technologie de pointe, à la teinture artisanale », avais-je dit un jour. Il m'avait répondu d'un ton serein : « Vous savez, les deux activités requièrent une maîtrise technique. » Il disait vrai, la teinture naturelle est une science qui, comme son nom l'indique, se fonde sur les principes de la nature en même temps que les réactions chimiques. Les tissages complexes que créait sa femme n'étaient pas sans évoquer un diagramme scientifique de haut niveau.

Quand ils étaient l'un à côté de l'autre, on aurait dit un couple de poupées pleines de distinction. Ou encore un frère et une sœur. Lui a les cheveux tout blancs, qu'il attache en arrière, et il est vêtu d'une blouse de travail. Elle a les cheveux courts, avec une frange, et elle porte un vêtement ample qu'elle a teint elle-même. Monsieur Tachibana n'est pas pour rien adepte des teintures naturelles, il s'y connaît en livres classiques, il appelle sa femme, qui a de beaux sourcils et de beaux cheveux, « ma noble épouse ». Cette façon de parler désuète et respectueuse en dit long sur la nature de leur longue union, toutes ces années passées dans un soutien mutuel.

Les saisons sont au cœur de notre vie quotidienne, ce sont non pas quatre mais vingt-quatre saisons qui scandent nos journées. Les choses changent, les choses passent, et c'est bien ainsi. Ce n'est pas l'homme qui ajoute ou qui retranche, c'est la nature. Pour le couple Tachibana, le principal, ce sont les plantes, l'air, la lumière.

Or, voilà qu'un jour Tachibana est venu exprès me voir.

« La semaine prochaine, on organise quelque chose dans la bambouseraie de Kurata, si cela vous dit, joignez-vous à nous. L'heure ? Eh bien, disons en fin de journée ou en début de soirée. »

Ce printemps, Kurata ne s'était pas contenté de récolter des bambous, il en avait profité pour couper quelques arbres gênants, si bien que la bambouseraie recevait maintenant les rayons du soleil. De surcroît, les enfants de l'école voisine étaient venus couper des tiges pour la fête de Tanabata organisée par l'établissement. Grâce à cela, la forêt de bambous s'était éclaircie. Et apparemment c'était au milieu des bambous, à la lumière des bougies, que se dérouleraient les festivités.

On devait se rassembler à la tombée du jour. Ce n'était pas l'heure officielle des fuseaux horaires, les méridiens n'entraient pas en ligne de compte, on s'en remettait au soleil et cette souplesse de l'horaire n'était pas pour me déplaire.

On entrerait bientôt dans la période du déclin de l'été. Le vent d'automne venait se mêler à la chaleur restante. Dans mon jardin, les insectes de l'automne avaient commencé à mêler leurs chants à ceux de l'été.

Le soir en question, le bois de bambous, tout noir d'ordinaire, resplendissait d'innombrables feux. L'arbre qui ruisselait au printemps était parfaitement sec, et les pousses, d'une bonne hauteur, arrivaient à la taille. Les grosses bougies qu'on avait enfoncées dans des bambous coupés offraient à la nuit la lumière de leurs flammes vacillantes. C'était comme si les feux pour accueillir les âmes, puis les reconduire, étaient de retour, le bois était lui-même un courant habité par les esprits.

Au moment où le ciel s'est embrasé à l'ouest, sont arrivés à la suite les Tachibana, Kurata, les Kawahara, ainsi que le couple de l'atelier du miel Ochi, des hommes que semblait connaître Yôji, des gens du coin, un ami de Tachibana, sans oublier quelques élèves de l'atelier de teinture. Tout autour du bois de bambous, des bidons, des seaux, des bouteilles en plastique, le tout rempli d'eau, chacun en avait apporté dans sa voiture. C'était pour éviter tout risque d'incendie causé par les étincelles, et aussi pour éteindre soigneusement les cendres du barbecue. Au menu il y avait du ragoût de légumes et de fécules, des tranches de thon *katsuo* légèrement passées au feu, des beignets d'algues, des condiments faits maison, du bouillon de sanglier, des nouilles de sarrasin en salade, des blancs de poulet fumé maison, du jambon. Il fallait ajouter du poisson destiné au barbecue, de la viande, des coquillages, des légumes verts, bref, on avait l'impression qu'un coin de la bambouseraie était devenu un stand de marché de rue. De mon côté, j'avais apporté un sac plein de tofu macéré au miso que j'avais confectionné moi-même et des gelées sucrées.

Pas le moindre souffle de vent, c'était une calme soirée de fin d'été. J'avais quitté la maison en accrochant comme d'habitude mon anti-moustiques à la ceinture, mais je n'avais pas poussé le zèle jusqu'à prendre mon chapeau à voilette. J'ignorais qui avait eu l'idée d'allumer de l'encens pour éloigner les moustiques, mais la bambouseraie tout entière était enveloppée d'une fumée verdâtre.

Le saké coulait à flots, et au fur et à mesure que le temps passait, les rires fusaient, des histoires un peu grasses parvenaient aux oreilles, le feu crépitait.

Gobelets de papier, assiettes jetables. On remplissait à tour de bras les verres de bière, saké, *shôchu*, vin, à tout venant. Comme c'étaient les femmes qui conduisaient au retour, les bataillons masculins s'en donnaient à cœur joie. Au moins ce soir, ils savaient qu'ils n'avaient pas besoin de se restreindre, ils pouvaient boire autant qu'ils voulaient. Quant à moi qui pouvais rentrer à pied, gagnée par l'atmosphère, j'avalais tout ce qu'on versait dans mon verre, bière ou *shôchu*.

Depuis combien d'années n'avais-je pas connu une telle soirée? Du temps où Nanako vivait, il m'arrivait de boire jusqu'au matin avec des amis communs, ou avec des hommes rencontrés dans un bar. Personne ne savait qui était qui. Plusieurs fois, j'ai fait l'expérience de ces soirées mystérieuses où l'alcool lie des inconnus, saké anonyme qui relie les uns aux autres.

J'ai perdu depuis longtemps la vitalité de ces jours où j'allais de bar en bar, de taverne en taverne, mais mon corps n'a pas oublié la délicieuse ivresse que j'ai connue dans ma jeunesse. Le saké imprégné de la gaieté de la forêt m'a tout de suite envahie, je riais à tout propos, j'éclatais de rire pour un rien.

Le feuillage des bambous caressait ma tête. Les troncs se touchaient-ils, dans le vide de la cavité, on entendait se mêler un *karan koron* qui faisait résonner la paroi. Ce bruit mêlé au tremblement rouge des bougies accroissait mon excitation joyeuse. Les rires fusaient. Plus que des voix humaines, on croyait entendre un grondement venu du fond de la terre. Des gens parlaient très fort.

Homme n° 1 : Les feuilles jaunissent. Parce que toute la nourriture va aux pousses de bambou. C'est pour ça que les bambous de printemps maigrissent. Comme une femme après un accouchement…

Homme n° 2, s'esclaffant : Voyez-vous ça, d'habitude ce sont les gens qui perdent du poids en été, cette fois, il s'agit de bambous !

Homme n° 1 : Absolument. C'est pour ça que les bambous de printemps évoquent l'automne ! Et inversement, comme ils reprennent de la vitalité en automne, on dirait des bambous de printemps !

Homme n° 2 : Tiens, tiens, le printemps et l'automne échangent leurs différences ? Les bambous mystérieux, le mystère des bambous…

L'un d'eux est sans aucun doute Kurata. L'autre semble être un ami de Yôji. Quand on parle de bambous ou de pousses de bambou, il n'y a personne qui s'y connaisse autant que Kurata.

Ailleurs, une conversation à propos du bouillon de sanglier va bon train.

Homme n° 3 : Ce sont des fils électriques à très faible tension, vous savez. On entoure les champs de cette façon… Les sangliers s'enfuient s'ils les touchent, mais ça ne suffit pas à leur faire perdre conscience, pour les capturer, rien ne vaut un piège ou une balle. La viande d'un sanglier jeune, c'est ce qu'il y a de meilleur !

Femme n° 1 : Mais les petits, tout de même ! Je ne peux pas m'empêcher d'imaginer la mère à qui on a pris son petit…

Homme n° 3 : Vous qui dites ça, vous avalez depuis tout à l'heure du bouillon de sanglier. La viande, c'est celle d'un jeune. Ce n'était peut-être pas un marcassin, mais il n'était pas plus grand que ça, alors…

Femme n° 1 : Quelle horreur ! Mais décidément, difficile de résister à l'appétit. C'est que j'adore ça, moi, ce bouillon. Vraiment, c'est délicieux. Dites-moi, comment faites-vous pour conserver la viande ? Si c'est un gros sanglier, par exemple ?

Homme n° 3 : Ceux qu'on a pris, on les découpe et on les congèle. Chaque morceau est de la taille d'une tête à peu près. L'hiver, on mange ça en julienne, pour le bouillon, on utilise de la bonite séchée et des algues… En ajoutant de la pâte de soja, c'est un régal !

La conversation à propos de la chasse au sanglier et de la façon de l'accommoder ne semble pas devoir finir.

Les élèves du cours de teinture de monsieur Tachibana sont sans doute des femmes du coin. Elles ne cessent d'échanger des recettes pour préparer condiments et légumes mijotés. Leurs voix, telles les vagues qui s'approchent et s'éloignent, arrivent vers moi comme le bruit de la marée. S'y ajoute parfois la voix sonore de Kayoko.

« ... C'est un traitement d'acupuncture qui utilise le dard des abeilles... Oui, on enlève à l'aide d'une pincette le dard d'une abeille ouvrière, et tout doucement, on l'enfonce à l'endroit douloureux ou bien là où le patient souffre de rhumatisme. Il ne faut surtout pas y aller d'un coup. Je crois qu'il faut environ dix séances... Si ça fait de l'effet ? Je ne peux pas vous dire, parce que ça me fait trop peur, mais j'ai entendu dire que quand le poison pénètre, on est soulagé... Pour la suite, il faut que j'interroge mon mari. »

Les abeilles semblent avoir un rôle à jouer dans ces cas qui ne relèvent pas de la médecine autorisée. Poison contre poison. Non, ce n'est pas ça, ce serait plutôt poison pour poison. Mon cerveau commence à être complètement embrouillé.

« Est-ce que vous mangez, au moins ? Reprenez-en un peu ! » Monsieur Tachibana est venu me remplir mon gobelet de saké. Sa belle épouse va et vient entre les flammes et les convives. C'est elle qui fait griller la viande et le poisson. Elle porte un tablier blanc et son corps gracile tournoie, léger et vif comme un lièvre. Portées par le vent, d'autres voix me parviennent.

Homme n° 4 : Les anémones, ça pousse dans la mer, non ?... Quoi, c'est aussi un nom de fleur ? J'ai toujours pensé que c'était une variété d'algue ! Pourtant, il me semble bien qu'il y en a qui portent le nom d'anémone...

Homme n° 5 : Les holothuries aussi... Il y en a des rouges et des vertes, moi, c'est les rouges que je préfère.

Homme n° 6 : Autrefois, il suffisait d'une petite plongée dans la mer par ici, les femmes en rapportaient. C'est l'intérieur qui est bon.

Homme n° 4 : Mais vous avez les mains vides ! Allez, buvez un peu, on a tout le temps, la soirée ne fait que commencer !

La conversation des femmes qui échangeaient leurs recettes semble avoir changé de sujet.

Femme n° 1 : Moi, figurez-vous que j'ai participé au grand nettoyage de la forêt.

Femme n° 2 : Impossible, qui et quand irait faire ça ?

Femme n° 3 : Il paraît qu'il est question d'augmenter le nombre des becs de gaz, enfin, je ne sais pas très bien, mais...

Femme n° 2 : Ça aussi, c'est impossible ! D'abord, il faudrait s'occuper des poteaux électriques. Installer des éclairages partout dans la forêt, c'est rudement difficile !

Femme n° 1 : Et que va devenir le cimetière du village ? Il est tout près de la forêt. Je n'ai jamais entendu parler d'un cimetière éclairé *a giorno*.

Femme n° 2 : Très peu pour moi. Un cimetière illuminé !

Le sol du bois de bambous est jonché de *sasa*. Je suis à deux doigts de m'étaler sur le sol incliné. Sans que je m'en sois aperçue, madame Kawahara est venue s'asseoir à côté de moi et elle me parle sans arrêt.

« Dites, ce serait bien que vous restiez ici tout le temps. Jusqu'à votre mort ! »

Son mari est entré cet été dans sa quatre-vingtième année et le couple vit seul. Pour la fête du *Bon*, leur fils, sa femme et ses enfants sont venus, et après leur départ, elle ne cessait de se plaindre de la solitude en disant que plus on accumulait les années, plus la tristesse s'appesantissait quand les gens s'en allaient. Elle la ressentait vivement, elle répétait que cette tristesse était bien plus forte que la joie de les accueillir : « C'est vraiment dur quand ils repartent ! Il n'y a plus que des vieux. Et on va voir disparaître de plus en plus de monde. Alors, restez, je vous en prie ! »

Kayoko est intervenue :

« Non, non, si elle reste ici, elle deviendra une créature enveloppée à longueur d'année de fumée d'encens anti-moustiques. Mais vous verrez, au bout d'un certain temps, vous deviendrez résistante et à ce moment-là, nous vous accueillerons parmi nous. Pour le moment, il vaut mieux laisser la question en suspens.

— Vous avez raison. Mais je ne vois aucun inconvénient à lui donner un peu de ma résistance ! »

Bière, saké, *shôchu*, vin, on me servait, qui et quoi, impossible de savoir, à chaque fois, je tentais de dire, non, j'ai assez bu, mais je me retrouvais en train d'avaler tout ce qu'on me donnait.

Les bougies qui éclairaient les ténèbres fondaient, mon corps aussi vacillait comme les flammes. Ombre et lumière s'entrelaçaient en dessinant des formes brillantes qui trouaient l'obscurité. La viande cuisait avec un grésillement appétissant, l'encens répandait son parfum, le bruit de quelque chose qui se renverse, celui des allées et venues aux toilettes chez Kurata dont la maison était la plus proche, tout se mélangeait dans une intense confusion.

Il me semblait que le grand bois de bambous se remplissait de plus en plus de monde, peut-être était-ce l'ivresse qui me donnait cette impression. On entendait des voix chanter en chœur, les rires jaillissaient dans un long crescendo avant de diminuer en un long vibrato.

J'ai regardé autour de moi, j'étais incapable de mettre un nom sur les visages, je ne savais plus qui était qui. Tout appartenait à l'océan, tout appartenait à la montagne. Là où les femmes s'étaient rassemblées, les bouches s'ouvraient, se fermaient, palpitaient comme autant d'algues de mer. Moi, me rappelant soudain la conversation de tout à l'heure, j'ai songé que nous étions tous devenus des anémones de mer.

Ailleurs, des huîtres dansaient une danse maladroite. Les silhouettes étaient lourdes et denses. L'ombre qui dessinait des bras croisés appartenait sans doute à un crabe. Tout en écartant les lames du ciseau de ses pinces, il faisait des bulles avec sa salive. A côté, rouges et vertes, des holothuries ondulaient. Les cheveux des femmes s'emmêlaient comme de longues écharpes. Algues marines et goémons apparaissaient aussi, comme de vagues *tengusa*. Il y avait des choses qui sautillaient, comme métamorphosées en lièvres. Les créatures de la mer se mêlaient à celles de la montagne. Les habitants de la mer étaient-ils donc sortis des profondeurs de l'océan ? Devenus des humains, buvaient-ils du saké comme si de rien n'était ? Ça alors !

Quant à moi, en quoi m'étais-je transformée ?

Au-delà de la bambouseraie, on entendait le murmure d'une source, que venaient couvrir les crépitements de la viande qui grillait. Toutes les bougies s'étaient éteintes. Çà et là, des voix disaient en vérifiant le feu de bois : « C'est bon, ça va », à la lumière des lampes électriques.

Tiens donc, tout le monde revenait-il à la mer ou encore dans une grotte ? A peine avais-je formulé la question que je me suis sentie entraînée dans un abîme insondable, semblable au fond de l'océan.

…

La seule chose dont je me souvienne, c'est que quelqu'un me soutenait pour me raccompagner chez moi, une sensation pleine de douceur. C'était un corps aussi gros qu'un ours. « Attention, vous allez tomber. Attention à droite, il y a une racine ! N'allez pas trébucher surtout ! » Kayoko et la belle madame Tachibana ne cessaient de chuchoter en direction de l'ours. Elles avaient un visage de lièvre. Une odeur de pelage mêlée à celle des herbes desséchées a effleuré mes narines.

Hakurô. Premières fraîcheurs. Mettre en terre les plants de fleurs et les bulbes dont on doit s'occuper à l'automne. Tailler les rosiers. Semer les graines de komatsuna et d'épinards. Cueillir les aubergines, les poivrons, les concombres, les okura. Semer le colza sauvage asatsuki, planter les petits poireaux wakegi, etc.

Mi-septembre. La chaleur ne tombait pas, une suite de journées pénibles. Le plancher de la véranda était brûlant, les libellules avaient commencé à voltiger, mais sans élan. Quand je rencontrais un voisin : « Quand donc l'automne viendra-t-il ? » ou « J'en ai vraiment assez. Les champs sont complètement desséchés ! Mes poivrons, complètement fichus ! » Le tout entrecoupé de soupirs.

Un jour, je me suis résolue à prendre l'autobus, non pas celui qui conduit à la gare, mais un autre qui va jusqu'à la pointe extrême de la presqu'île. Là où le cap a la forme d'un serpent de mer, il y avait une petite plage déserte. Ni les touristes ni les surfeurs ne la fréquentaient, un site privilégié à l'abri des touristes. Je voulais y aller parce que j'avais appris l'existence de cette plage de sable blanc dans une enclave profonde.

Jusque-là, je n'étais jamais allée me baigner. Je me disais que j'avais passé l'âge. Si j'ai été prise de l'envie subite d'aller y jeter un coup d'œil, c'est que j'en avais par-dessus la tête de couper les herbes qui avaient proliféré pendant l'été. Plusieurs fois, je les avais ramassées et brûlées dans la cheminée, le corps en sueur. Le sel s'échappait de mes membres rôtis par la chaleur extérieure à laquelle s'ajoutait celle du feu, et mon corps tout entier réclamait du sel.

L'autobus roulait si lentement sur la nationale que c'en était énervant. A droite, la forêt, à gauche, le Pacifique. D'un côté, tout était vert, de l'autre, le bleu indigo de l'eau.

Au bout d'une demi-heure de trajet sur la route sinueuse, une baie profonde est soudain apparue. C'était la plage dont j'avais fait ma destination ce jour-là, le rivage où les Tachibana venaient de temps en temps ramasser des algues pour leurs teintures. Effectivement, il n'y avait personne. Les vagues étaient calmes, il y avait çà et là des rochers en escalier où restaient accrochées des algues noires, innombrables.

Dès que je suis descendue de l'autobus, je me suis hissée sur la digue et j'ai pris l'escalier qui rejoignait la plage. La digue faisait le tour de la baie, de l'autre côté du béton, tout d'un coup, rien que du sable blanc. Sans doute à cause des rochers en escalier qui pointaient par endroits, j'ai cru me trouver dans un gigantesque jardin de pierres.

Je portais un maillot de bain noir, un maillot une pièce que je mettais quand j'étais jeune. Comme je l'avais mis en partant sous mon tee-shirt et mon short, je n'ai eu aucun mal à me déshabiller. J'ai déniché un recoin et je me suis dévêtue sans hésitation. Le calme qui régnait sur la plage était ineffable. L'endroit me convenait à merveille, moi qui n'ai aucune confiance dans mes talents de nageuse. Dans l'estuaire près de la maison, peut-être parce que divers courants s'y mêlent, la couleur de l'eau est légèrement jaunâtre. Ici au contraire, elle était si transparente qu'on distinguait nettement le fond. En plus, elle était peu profonde. J'ai posé mon sac à dos qui contenait des boulettes de riz, du thé d'orge et des vêtements de rechange, et je me suis élancée vers l'eau.

Un endroit solitaire où se baigner! Une plage déserte! La mer accueillait en cette fin d'été son unique visiteuse, sans doute était-ce l'heure de la marée descendante, le soleil transformait la marée murmurante en étendue de sable sec peuplée d'innombrables êtres vivants.

A plat ventre sur un rocher, je regardais dans l'eau, je me laissais flotter sur le dos, regardant le ciel étincelant. Je lui confiais mon corps. Je savourais avec délices la caresse des vagues qui venaient m'effleurer la poitrine, depuis combien d'années n'avais-je pas goûté ce plaisir?

Mes membres qui recevaient le sel marin me paraissaient plus blancs, plus minces aussi que d'ordinaire. Ces mains abîmées par les herbes de l'été, ces bras brûlés par le soleil n'étaient plus les miens. Il y avait longtemps que je n'avais pas regardé mon corps, ma peau, avec une attention aussi soutenue.

L'âge ne m'avait rien laissé dont je puisse encore m'enorgueillir. Moi qui étais persuadée que ma jeunesse avait disparu, voilà que mes doigts, mes bras, mes jambes, me paraissaient encore jeunes, même si ce n'était que de l'autosatisfaction!

Je me sentais d'humeur joyeuse, si bien que je me suis laissée flotter avant de nager vers le large. En mettant mon visage tout contre l'eau, je voyais des bancs de poissons au pied des rochers. Les anémones de mer fixées aux rochers remuaient leurs tentacules, une limace de mer déplaçait avec lenteur son corps flasque. Les algues rouges qui se balançaient à gauche et à droite, étaient-ce des *tengusa*? Jaunes, blanches, vertes, noires. Toutes sortes d'herbes marines dont j'ignorais le nom ondulaient sans fin.

De nouveau, je me suis mise sur le dos, la lumière a percé mes paupières. L'éclat était si vif qu'il m'était impossible de garder les yeux ouverts, j'ai regardé autour de moi, les paupières à moitié closes. Sur la route de l'autre côté de la digue, des voitures, des camions semblaient aller et venir mais je percevais seulement le bruit des vagues. C'était comme si je me trouvais dans un monde à part.

Un seul côté de la baie profonde s'ouvrait sur l'océan Pacifique, au fond c'était la ville, de part et d'autre des falaises se dressaient la tête en bas. Je me sentais empreinte de nostalgie tandis que je levais les yeux vers la paroi rocheuse blanche et desséchée. Toi qui m'appelais, voilà que tu montres ton visage! La falaise qui regardait mon pauvre corps sans force d'un air peu amène m'a donné l'impression qu'elle souriait.

C'était comme si je me trouvais sur une plage privée. La mer, les rochers, le ciel sans nuages, tout le paysage m'appartenait, il était à moi seule. En même temps, ce monde habité seulement par le bruit des vagues, entouré de falaises, me semblait une terre appartenant aux temps anciens. Peut-être était-ce à cause du sable, des coquillages avec lesquels l'eau amère et au goût de sel jouait à sa guise. *C'est le monde des origines, chacun de nous y a vécu un jour.* Cette sensation mystérieuse m'envahissait de façon palpable. Avant de parvenir à l'état d'embryon dans l'obscurité maternelle, dans un monde encore inexistant, le souvenir lointain du temps où je flottais comme une daphnie. Au plus loin de cette réminiscence se trouvait peut-être mon véritable pays natal.

Pour éviter de perdre pied, pour ne pas me blesser aux rochers, je me suis retournée lentement et avec précaution. Mon corps que je ne sentais pas vraiment a été soulevé par une vague, je n'arrivais pas à croire que j'étais si légère. J'aurais pu rester ainsi à flotter indéfiniment. Ah, vivre dans l'apesanteur ! Nul besoin d'énergie, il suffit de rester immobile et on se trouve emporté quelque part.

Partir, partir !

J'avais organisé mon travail de façon à pouvoir quitter Tôkyô et venir dans la péninsule. J'y restais quelque temps, puis je repartais en ayant fait le plein de sommeil mais aussi de fatigue. Comme Tôkyô était au centre de mes activités, j'y avais des amis de longue date, et toutes sortes de raisons qui me retenaient, si bien que je n'imaginais pas pouvoir quitter la capitale.

Mais au fond, n'étaient-ce pas que des prétextes ? Quand j'avais abandonné un homme ainsi que ma famille d'Aichi, j'avais découvert avec surprise le plaisir d'avoir quelque chose à quitter. Ainsi donc, il était facile d'abandonner les choses ! Je n'en revenais pas. Quand avais-je perdu cette insouciance, cette légèreté ? Seule, grinçant des dents, fatiguée, je m'accrochais éperdument à cet immense soutien, à cet épais rempart qu'était Tôkyô. Je croyais qu'en quittant ce que j'avais accumulé au cours des ans, je ne pourrais plus vivre. Qu'en était-il à présent ? Laissant mon corps flotter au gré des vagues tranquilles dans le creux de la baie, je me disais que je pouvais aller aussi bien ici que là. J'avais envie de m'en remettre à l'apesanteur.

En même temps, je savais. Face à la force de l'océan, j'étais sans défense. Je nagerais de la force de mes deux bras, la plage paisible au sable blanc absorberait ma chaleur et ma fièvre, ce n'était pas la mer qui faisait gronder les vagues écumeuses, et le soir venu, je m'enfoncerais dans la petite maison de la forêt, avant de sombrer dans un profond sommeil. Oui, je savais tout.

J'avais beau savoir, je ne voulais à aucun prix gâcher cet instant de merveilleuse légèreté. Je voulais laisser mes paupières recevoir les éclats coupants du soleil. Jusqu'à l'arrivée de l'autobus qui m'emporterait au crépuscule. Jusqu'à ce que j'aie mangé les boulettes de riz bien salées que j'avais préparées pour aujourd'hui. Puisque j'étais seule ici, absolument seule. Cette liberté, cette légèreté, ce calme de la plage déserte, je voulais tout savourer encore un instant.

Dans la forêt, un peu partout au cours de mes promenades, les miscanthes montraient leurs panaches mousseux. Parmi les pins, les chênes-lièges, les cryptomères, leurs épis blancs contrastaient avec le vert dense des arbres et leur conféraient une élégante douceur. En regardant le calendrier des vingt-quatre saisons, j'ai vu que les miscanthes de Kanazawa étaient ceux qui s'épanouissaient le plus tôt. Venaient ensuite ceux de Sendai, puis de Matsumoto, à Tôkyô, c'était début septembre. La floraison des cerisiers arrivait du sud pour remonter vers le nord, les miscanthes faisaient le trajet inverse.

Les épis s'ouvraient lentement, et à chaque souffle de vent, les pointes argentées du panache se dispersaient. Les cosmos des Mizoguchi venaient essaimer dans mon jardin et lui donnaient un air de prairie.

Tandis que je m'absorbais dans la contemplation des fleurs qui se rejoignaient pour danser, l'équinoxe est arrivé. Au bord des chemins autour du hameau, les fleurs rouges des *higanbana* commençaient à apparaître. Ces « fleurs de la mort » s'étendaient comme des feux de prairie, et à peine avait-on le temps de s'exclamer qu'elles foisonnaient déjà tout au long de la route nationale et même dans les fissures de l'asphalte sur le parking de la grande surface. C'était un défilé écarlate de ces fleurs dont la racine contient un alcaloïde.

A égalité avec les miscanthes, les lespédèzes qui envahissent le jardin sont le symbole de l'automne. L'espèce qu'on avait transplantée jusqu'ici avait pris racine et les tiges ployaient sous le poids des petites fleurs violet pâle. Alentour, les abeilles bourdonnaient encore.

Les beaux clairs de lune se succédaient.

Chaque jour, je lisais en priorité la page du journal local où figuraient la météo du jour et la description du lendemain selon le calendrier lunaire. Je vérifiais le temps, les températures, ainsi que le lever de la lune. A Tôkyô, tout cela ne retenait pas mon attention, mais ici, ces informations donnaient du relief à la vie quotidienne, elles étaient précieuses pour ponctuer le rythme des jours.

Aux phases de la lune s'ajoutaient les schémas de la pleine lune et des différents quartiers. Le noir ou le blanc du cercle transmettaient le visage quotidien de la lune. Quand le cercle était blanc, c'était la pleine lune, noir, c'était l'obscurité totale. Autre détail : chaque jour était indiquée l'heure de Nagoya, ainsi que celle de Shima. En comparant les heures, on se rendait compte que la lune apparaissait sans tambour ni trompette deux minutes plus tard qu'à Nagoya. La vie quotidienne était censée s'écouler dans un flux continu, mais en réalité, la lune visitait chaque région avec un décalage minime peut-être mais bien réel.

A part la rubrique « Demain dans l'ancien calendrier », je ne pouvais pas m'empêcher d'éplucher le « Courrier des bateaux de pêche en haute mer ». Le département compte neuf grands ports de pêche, dont Otaka, Hikimoto, Nagashima, Hamashima, d'où partent vers le Pacifique Sud les bateaux spécialisés dans la pêche au *katsuo* et au thon. Jour après jour sont transmis par radio leur position et l'état de la pêche, autant de nouvelles précises minutieusement consignées dans le journal. En les lisant, on se rendait compte que les bateaux de la région de Mie se trouvaient dispersés dans toutes les mers du monde.

Sous le titre *Owashi* était donné le parcours du bateau depuis son départ du port. Le *Tôeimaru* « 12° de latitude nord, 147 de longitude ouest, bonne marée, température de l'eau 27,3 °C », le *Keitamaru* « au milieu d'un groupe d'îles, en cours de vérification, température de l'eau 27,1 °C ». Le *Fukujûmaru* qui avait quitté le port de Mikiura faisait son entrée dans le port de Kayao. Il y en avait aussi sur le point d'entrer dans le port de Cristobal, j'ai vérifié sur la carte, c'était dans les eaux péruviennes, au Panama.

Ces maris, ces pères partis pêcher le thon qui restaient absents plusieurs mois sans rentrer au port, les familles qui se demandaient où était et ce que faisait un frère ou un fils avaient de leurs nouvelles grâce à cette rubrique. Le souffle de ceux qui vivaient de la mer était palpable, bien qu'invisible.

Au fil des jours, même quelqu'un comme moi qui ignorais tout de la pêche pouvait suivre la route des bateaux à la poursuite du thon et de la bonite. Quand je découvrais que le navire qui se trouvait au début du printemps à Cristobal y était encore à l'automne, je comprenais qu'il devait rester plus de six mois au même endroit. On mentionnait à propos du *Shinei-maru* parti de *Nagashima* qu'il n'entrait pas et poussait vers le nord. Qu'est-ce que ça voulait dire ? Avait-il continué à naviguer vers le nord sans entrer au port comme prévu ? Le texte bref et énigmatique venu de si loin attirait invinciblement mes yeux chaque matin.

Certains matins de septembre, quand le bleu du ciel était intense, je m'identifiais en lisant aux hommes de la mer qui chassaient le thon (je pense que la pêche est une forme de chasse). Sans attendre, j'allais prendre sous l'évier un sac en plastique que je fourrais dans ma poche et j'emportais aussi mon sac à dos qui ne contenait encore rien.

Ce que j'allais chasser, c'était la forêt et les champs. A ce moment de l'automne, se mêlant aux arbres et aux haies vives des maisons, des patates sauvages, longues et effilées, sortaient de terre en écartant les rosiers. Je creusais soigneusement à l'aide de ma pioche et de ma serpe. Les fruits bien mûrs des airelles étaient pour le goûter que je prenais au cours de ma promenade. Si j'en cueillais beaucoup, j'en faisais de la liqueur ou des confitures.

Même si je ne parlais à personne de toute la journée, la forêt et les champs retentissaient de chuchotements. Toute la vie de la nature parlait. Je pressais le pas.

Le chat qui allait et venait entre la forêt et le jardin avait une allure différente de celle qu'il avait à Tôkyô.

Ce chat avait fait son apparition dans ma vie au moment où je commençais à m'habituer à l'absence du premier félin que j'avais adopté et qui m'avait accompagnée pendant vingt ans. « C'est un chaton abandonné, vous ne connaissez personne qui voudrait s'occuper de lui ? » J'étais allée voir quel genre de chat c'était. Tigré, maigre, avec un petit visage innocent. On avait préparé un produit contre les puces, un jouet en forme d'épi de paille, ainsi qu'un certificat rédigé par le vétérinaire qui mentionnait « Mâle âgé d'un an, opéré, vacciné, sans doute atteint du sida ». Il était né le 1er janvier.

« Un chat né le premier jour de l'an ! C'est un chat porte-bonheur alors ! » Je lui ai demandé simplement : « Tu veux devenir mon chat ? » Il s'est approché doucement et a miaulé sans hésitation.

Depuis ce jour, il est devenu mon compagnon. La bonne fortune qu'il m'a apportée, ce sont des espiègleries de toutes sortes. Si je fais fi de ses miaulements, il saute sur le bureau où est l'ordinateur et, d'un coup de patte sur la souris, supprime le texte que je viens d'écrire. Le verre que j'ai posé sur la table est renversé, le peigne que j'ai malencontreusement laissé traîner devient aussitôt un jouet, et comme il s'amuse avec un peu partout, je n'arrive pas à le retrouver. Il s'assied sur le téléphone, effaçant le message que j'ai laissé sur le répondeur, il s'est même fait une spécialité d'enregistrer sa propre voix. Tout se passe en mon absence, si bien que je suis toujours surprise quand mes amis se plaignent.

« Ton répondeur, vraiment, je ne sais pas ce qui se passe, mais au lieu du sempiternel “vous êtes sur la boîte vocale de…", on entend des miaulements. J'en ai oublié de te laisser un message ! »

Je m'empresse de vérifier, le message que je suis censée avoir laissé est effacé et a fait place à des miaulements assourdissants. Miaou, miaou, puisque je vous dis qu'elle n'est pas là ! Absente, je vous dis, miaou, combien de fois faut-il vous le répéter ! Je suis seul à la maison, je vous dis !

Si je le laisse faire tout ce qu'il veut, c'est à cause de ma mauvaise conscience. Lui qui à l'origine allait et venait dehors en toute liberté, voilà qu'il s'est retrouvé enfermé dans un appartement toute la journée. Je me dis que sa vie ne doit pas être très plaisante. Quand il regarde dehors, moi qui le vois tourné vers la vitre, je crois l'entendre crier : « Oh, comme je voudrais sortir, bon sang ! »

On comprendra sans peine que dans la péninsule, il revient avec allégresse à l'état sauvage. Dès qu'il est dehors, il ne faut pas songer à le faire revenir. Nos regards ont beau se croiser dans le jardin, il fait mine de ne pas me voir. Si je lui parle, à peine ai-je ébauché une question du genre qu'est-ce que tu fais là, le voilà qui déguerpit. S'il revient, hors d'haleine, c'est parce qu'il a capturé une souris ou une sauterelle, ou bien c'est qu'il a faim, ou que c'est l'heure qu'il a choisie pour dormir, sept heures du soir. Pour le reste, il m'arrive de ne pas l'apercevoir de la journée, impossible de savoir où il est et ce qu'il fait.

Mais je sais que le chat aime la forêt, de cela, je suis certaine. Une fois, j'ai oublié à quelle occasion, je me suis amusée à le suivre, il était rivé au tronc d'un grand cryptomère où il aiguisait ses griffes avec frénésie. Les oreilles pointées, les pattes arrière écartelées, il tendait l'échine au maximum. Le ventre aplati sur une branche, il lui arrive aussi d'étirer les yeux pour épier.

Aujourd'hui, j'ai croisé le chat dans le jardin en rentrant de promenade. Il tremblait d'impatience, comme pressé de s'échapper. Je l'ai appelé pour lui demander où il allait, mais il s'est contenté de détourner les yeux, comme si la lumière le gênait.

Le chat qui marchait fièrement vers la forêt, la queue dressée bien droit, avait perdu tout intérêt pour la souris de mon ordinateur et pour ses jouets, il s'était métamorphosé sans transition en chasseur. Jusqu'à l'expression de son visage, lui qui avait une tête ronde comme une pomme, voilà qu'il prenait un visage pointu.

La nuit, il se mettait en boule, comme une masse d'ouate. La profondeur de son sommeil m'étonnait toujours. Mon souffle effleurait ses longues moustaches quand je m'approchais pour essayer de voir sa tête enfouie entre ses pattes, mais même s'il ouvrait les yeux, il restait sans faire un mouvement. Chaque fois, j'étais attendrie, toujours un peu davantage. Aujourd'hui encore, il est rentré sain et sauf. Il est revenu sans blessure, sans avoir été attaqué par les créatures de la forêt. De son corps enfoui dans un sommeil profond s'exhale la joie qu'il a ressentie en retournant à l'état sauvage.

Je reste à l'observer. Les pattes repliées, il dessine un cercle parfait d'où rien ne dépasse, comme le chiffre zéro. Animée du désir de partager cette sensation de bonheur, j'enfouis mon visage dans les flancs du chat. J'écoute les battements de son cœur. Tout en savourant cette douceur, je mordille ses oreilles. Il répond en plantant ses dents dans mon doigt avec force. Je n'ai jamais connu cette sensation avec les hommes que j'ai quittés. Je découvre une autre relation qui, de jour en jour, s'intensifie.

La nuit venue, je suis descendue vers le marais à la lumière d'une lampe électrique. La lune traversait le ciel en son milieu. Age de la lune : 14,2. Elle était d'une belle couleur dorée. Comme il faisait sombre, j'ai renoncé à pousser jusqu'à la proue de la barque enfoncée dans le marais et je suis restée un moment sur le pont Yukio. Le ciel était d'un bleu à la fois profond et transparent. De la surface noire de l'eau, se mêlant au chant des grillons et à la stridulation des cigales, d'innombrables insectes faisaient retentir leur cri scandé au même rythme.

J'ai dialogué avec moi-même.

Est-ce qu'il t'est arrivé à Tôkyô d'aller écouter le chant des insectes au clair de lune, munie d'une lampe de poche ?

Non, jamais.

Qu'est-ce que tu ressens ?

J'ai l'impression de me trouver dans une salle de concert ! C'est qu'ici, les nuits sont vraiment belles.

Mais tu t'appauvris petit à petit. Qu'en penses-tu ?

C'est vrai, c'est un problème.

Tu ferais mieux de dire que c'est LE problème.

Pour trouver une solution au problème, je suis rentrée et j'ai allumé mon ordinateur. J'avais laissé en plan plusieurs choses. Le travail dont j'avais besoin pour vivre ici. Mais en vérité, j'étais lasse. Je n'arrivais pas à lutter contre le sommeil qui s'emparait de moi. Ce soir encore, j'ai travaillé à moitié, mais comment faire, je ne pouvais pas résister au mur de sommeil qui pesait sur moi à cent vingt pour cent. Je regrettais que ce ne soit jamais le contraire, mais décidément mon organisme donnait toujours la préférence au sommeil.

J'ai reçu un mail de K, une traductrice qui vit en Californie. Je voulais lui répondre, mais je n'arrive pas à me rappeler le nom de son mari. Chris? Michaël? A Tôkyô, je m'en souvenais mais ici, j'oublie de plus en plus de choses.

J'ai envoyé une carte pour décliner l'invitation à une réunion de commémoration du décès de S. Trois ans ont passé.

A acheter: engrais universel pour plantes, gants de travail, mayonnaise, huile d'olive, papier toilette, mouchoirs en papier, pinces à linge, timbres.

Est-il vrai que tout ce qui nous arrive dépend de notre karma ? Des choses qui nous étaient invisibles arrivent un beau jour ici-bas, en fonction de notre karma qui ressemble à la marée avec son flux et son reflux. J'ignorais ce principe, mais je connaissais depuis longtemps le vieil adage qui dit que les causes et les effets sont indissociables. Ceux qui vivent en respectant les règles seront récompensés dans ce monde, ceux qui n'en ont pas été capables renaîtront sous une autre forme et suivront un chemin semé d'embûches, avertissement qui sent plutôt la menace.

C'est la vieille du magasin Makomo qui lit le karma.

Cette petite boutique où je me précipite en cas d'urgence car on y trouve des marchandises de toutes sortes est située dans le hameau voisin qui s'étend à l'est. Elle ne propose ni légumes ni viande, mais elle fait office de poste. On peut acheter des timbres et je suis devenue une habituée car il m'arrive souvent d'en manquer pour envoyer du courrier à mes amis à Tôkyô ou expédier un colis à ma mère.

Ce jour-là, je venais d'achever un texte que m'avait demandé un ami photographe pour accompagner des photos qu'il avait prises. Il m'avait dit : « Tu sais, je te demande seulement de rédiger quelques légendes à ton gré ! » Ce travail me tombait dessus à un moment où justement je n'avais rien fait depuis longtemps.

J'avais imprimé mon texte que j'avais mis sous enveloppe ainsi que les photos que devaient accompagner les légendes de ma fantaisie, une enveloppe de bureau, de couleur mastic, et j'ai enfourché ma bicyclette en direction de Makomo. A la place de la patronne entre deux âges qui était habituellement là, trônait la vieille dame censée pourtant se trouver dans la maison principale.

Je ne l'avais pas vue depuis un bon moment. Vers l'époque où j'avais commencé à aller et venir entre la péninsule et Tôkyô, c'était elle qui tenait le magasin. Quand j'arrivais, elle commençait par « Vous savez, autrefois… » et me parlait des anciennes coutumes locales, de la fête organisée en honneur du dieu de la mer, ou encore de son mari qui avait été notable. Parfois, elle mettait dans les sacs qui contenaient mes achats quelques bonbons ou des biscuits salés, en me disant : « C'est en prime ! » La vieille dame qui aimait beaucoup bavarder avait disparu du magasin depuis qu'elle avait eu un épanchement de synovie. Je n'avais plus l'occasion de la voir.

Elle avait ramassé ses cheveux en boule et portait un pantalon et une veste en jersey gris. Aux pieds, des knickers blancs. On l'aurait plutôt imaginée en kimono avec un tablier blanc par-dessus et cette tenue pour le moins inattendue qui ne correspondait pas à son image était un peu cocasse.

Elle semblait se souvenir de moi car un sourire amical a adouci son visage ridé.

« Tiens, vous voilà ! Vous êtes là depuis quand, dites-moi ?

— Depuis longtemps, vous savez. Voyons, cela fait plus de six mois…

— Ah bon ? C'est que je ne vous ai pas vue une seule fois.

— C'est vrai. A propos, comment va votre genou ?

— Ça ne va pas du tout. Mais aujourd'hui, je suis là par bon cœur. Figurez-vous que ma belle-fille avait quelque chose à faire loin d'ici, si bien que je me suis dit que je pourrais bien la remplacer pour tenir la boutique. »

Contrairement à la patronne qui servait avec vivacité, la vieille avait des gestes si lents que c'en était agaçant. Elle s'est mise à examiner le formulaire que j'avais rempli pour envoyer l'enveloppe qui contenait photos et manuscrit, elle n'en finissait pas de s'assurer du tarif. Je me suis assise sur le tabouret recouvert de plastique qui était posé sur l'entrée cimentée, décidée à prendre mon mal en patience. Sur les rayons, des nouilles instantanées, de l'huile, du sucre, des œufs, du papier toilette. Par la baie vitrée, on apercevait un grand jardin soigneusement entretenu.

Après que j'ai payé, la vieille m'a dit :

« Si je ne me trompe, votre maison, elle est près de la forêt ?

— Oui, c'est la maison sur deux niveaux, longue et étroite, au-dessus de l'étang marécageux…

— Je me rappelle maintenant. Un peu plus loin, il y a bien une pente abrupte avec un bois, c'est ça ? Un endroit où on jette des déchets. Vous êtes au courant, je suppose ? »

Elle parlait d'un ton plein de sous-entendus. J'ai réfléchi un moment avant de dire :

« Vous voulez parler de... du dépôt illicite d'ordures ? »

J'aurais sans doute dû évoquer la découverte du squelette, mais peut-être voulait-elle me parler d'autre chose. Je n'ai pas eu besoin d'attendre pour qu'elle me dise :

« Oui, oui, c'est ça. Je trouve ça pitoyable mais après tout, c'est peut-être aussi bien comme ça. Puisqu'elle est allée retrouver son mari et son enfant ! »

De quoi voulait-elle parler ? Je restais hébétée. Depuis que j'y étais allée, ni Kayoko, ni les Tachibana, ni les Kawahara n'avaient plus fait allusion à l'incident. De mon côté, je n'avais pas oublié ma légèreté et ma sottise qui m'avaient poussée à aller voir ce lieu sinistre. C'était une histoire terminée. Ne jamais toucher aux morts ! Voilà ce que je me disais.

« Son mari et son enfant ? Mais alors, il s'agissait d'une femme ?

— Mais bien sûr. Une femme. Oui, une femme, comme je vous dis. On l'a compris dès le début, à cause des vêtements. »

Elle avait insisté d'une voix forte. UNE FEMME.

J'étais stupéfaite.

Pourquoi donc n'avais-je pas imaginé un seul instant que c'était une femme ? Dans l'obscurité de la forêt peuplée de vipères. Ma pauvre intelligence n'avait réussi à se forger qu'une image basée sur un a priori, ça ne pouvait être qu'un homme.

Dans cet après-midi où personne ne venait, sans doute la vieille s'ennuyait-elle, car elle a ajouté :

« Il paraît qu'elle avait une maladie incurable. Elle voulait revenir, c'est sûr ! a-t-elle soupiré.

— Comment ça ? »

L'histoire semblait avoir commencé par la fin, et je n'en connaissais pas le début. Mais la vieille a poursuivi sans se soucier de ce que je voulais savoir.

« Il faut dire que ça fait longtemps. Vous ne le savez sans doute pas, mais il y avait une cabane après la forêt, que des ostréiculteurs avaient bâtie. Maintenant il n'y a plus rien, alors on ne peut que deviner, mais vous savez, la plage qui ne porte pas de nom, d'où on peut voir toute la baie...

— Oui, de là, on peut voir les hôtels de l'autre côté du cap et les lotissements de résidences secondaires... »

A cet endroit, tous les chemins descendent vers des plages creusées dans la roche. Des plages sans nombre, encore et toujours des plages. Le bord de mer était une succession de criques sans nom aux formes invraisemblables. Il fallait beaucoup de temps pour se mettre en mémoire la forme de chacune. Jusqu'à ce qu'on se familiarise avec l'endroit, on était victime d'un mirage, avec l'impression de tourner en rond et de se retrouver toujours au même endroit. Moi aussi, il m'était arrivé de ne plus savoir où j'étais. La forêt où Kayoko m'avait emmenée était l'un de ces lieux qui, si on réussissait à en sortir, débouchaient sur une petite crique. C'est à elle que la vieille faisait allusion.

J'étais certaine qu'il y en aurait encore pour un bon moment. Comme je m'étais levée, j'ai repris ma place sur le tabouret, tout oreilles.

Cette histoire était restée enfouie dans ce coin perdu de la péninsule, c'était une histoire oubliée. Celle du bonheur très court qu'avaient connu un couple et son enfant.

Cela s'était passé environ quarante ans plus tôt. J'avais l'impression que le regard de la vieille se faisait de plus en plus lointain à mesure qu'elle racontait.

En reliant les bribes dispersées de l'histoire, on se rend compte en effet qu'une partie en est cruelle, mais il n'est pas impossible, à condition d'en donner une autre interprétation, d'y voir une forme de bonheur. Je vais donc transcrire le récit de la vieille, sans en altérer le ton. Pour en restituer toute la vie.

«Je ne sais pas si vous le savez, mais autrefois, outre la culture des perles dont tout le monde a entendu parler, la péninsule a connu son heure de gloire comme site du premier festival de musique pop du Japon, organisé sur un terrain où des villas ont été construites de l'autre côté du cap. Oui, à bien y réfléchir, on était en plein dans les années du boom économique, il y avait plusieurs terrains de golf renommés et les amateurs tout comme les jeunes arrivaient de tout le Japon sans discontinuer. Des publicités montraient à la télévision les centres de villégiature que les grandes entreprises construisaient pour leurs employés, des chambres d'hôtes, des petites pensions poussaient partout. Le café en question est né dans l'élan de cette période d'intense activité.

Le couple encore jeune venait de Nagoya, oui, ils devaient avoir la trentaine, et ils avaient loué la cabane d'éleveurs d'huîtres perlières de la plage, dans le but d'en faire à la fois un café et leur habitation. La plage était tranquille, au bout une petite digue, devant les yeux le bleu de la baie, les falaises qui rejoignent la rive opposée, j'ai du mal à vous décrire le contraste merveilleux que ça faisait. Seulement voilà, rien à faire pour que l'endroit se prête au commerce. Le paysage est magnifique, mais comparé à l'autre rive très touristique, c'est un endroit trop exceptionnel pour attirer les gens. Si bien que dès le début, tout le monde les avait prévenus.

"Vous croyez vraiment que vous pourrez faire des affaires ?"

"Qu'est-ce qu'ils ont en tête ? Quels originaux, tout de même !" On se disait ça entre nous.

Eh bien, figurez-vous qu'au bout d'un certain temps, les gens du coin se sont mis à fréquenter le café, qui a vu sa clientèle augmenter petit à petit. Oui, il y avait même des éleveurs d'huîtres qui prenaient le bateau sur la rive opposée pour venir au café, tout ça grâce au bouche-à-oreille. La jeune femme s'y connaissait en pâtisserie et son mari passait soigneusement le café. Tout le monde parlait de la qualité de ce qu'ils servaient. Au bout d'un certain temps, ils se sont mis à proposer en plus de la cuisine familiale à l'occidentale, à base de produits locaux.

Coquilles Saint-Jacques à la crème, riz aux coquillages *asari*, laitue de mer accompagnée de tofu et de cerfeuil, ou encore nappée d'une sauce au curry, poisson grillé avec du fromage, eh oui, tout ça ! C'est ce qui me vient à l'esprit, mais ils servaient bien d'autres plats, je vous assure. Ça me fait penser que je n'ai pas mangé à l'occidentale depuis des années !

Ils avaient un enfant, un gamin d'une dizaine d'années. C'était un garçonnet de la ville à la peau claire, l'air délicat, et il paraît qu'il était la coqueluche de toutes les fillettes du coin.

Le couple était très travailleur. Ils avaient consacré beaucoup de temps et d'efforts à réparer la vieille cabane, et on avait fini par voir à la fenêtre un drapeau étranger, vous savez bien, avec des couleurs genre italien ou français, je ne sais pas, moi, ils avaient installé aussi un store en tissu pour protéger du soleil, avec des couleurs qui ressemblaient à celles du drapeau, vert, rouge, blanc. Les murs, ils les avaient recouverts de planches. Ce qui fait que le débarcadère avait fière allure, oui, avec sa peinture bleue ! Ce que je ne peux pas oublier, c'est le comptoir. Il était étroit, en arc de cercle, et dessus, toutes sortes de verres s'alignaient, on n'avait encore jamais vu ça dans le coin ! J'y ai pris plusieurs repas, mais décidément, ce qui me séduisait le plus, c'était ce comptoir, sans oublier la vue sur la plage. Ils avaient coupé des arbres et fabriqué eux-mêmes des bancs et des tables. Et c'est là qu'ils servaient les clients, oui, on mangeait en regardant la baie ! Le crépuscule était merveilleux, et on mangeait pour pas trop cher, les prix étaient raisonnables, rien à dire. Tiens, c'est là que j'ai mangé du fromage pour la première fois de ma vie. Parce que nous autres, hein, on se nourrit uniquement des produits de la mer !

L'été, on était aux premières loges parce qu'il y avait juste en face un hôtel qui organisait des feux d'artifice. De la musique parvenait jusqu'au café, c'était très animé, un peu bruyant, il y avait un "concours de chansons populaires". Il paraît que beaucoup de jeunes chanteurs ont commencé là leur carrière.

Jusqu'ici, tout se passait sans histoire, seulement voilà, leur gamin… leur gamin s'est noyé. Vous voyez le cap où se dresse un phare ? Eh bien, c'est par là… Pourquoi est-il allé là-bas tout seul ? Les vagues sont fortes de ce côté, en plus, il n'y a que des rochers. C'est là que passe le Kuroshio. Il a dû être emporté par le courant. On l'a découvert au bout de trois jours, accroché, paraît-il, aux tétrapodes d'une plage un peu plus loin.

Ce qui s'est passé après, moi non plus, je ne sais pas très bien. A ce qu'on dit, le père est tombé malade, et il est mort quelque temps après. La femme a disparu. Où est-elle allée, on a raconté pendant un certain temps qu'elle était retournée à Nagoya, mais… Apparemment, il y a eu un échange de courrier avec l'association des parents d'élèves, puis le temps a passé. Tout le monde a fini par oublier le café… Vous voulez savoir comment on a compris que le squelette était celui de la femme ? Il se trouve que le directeur du jardin d'enfants, bref, c'est lui qui a fait le rapprochement avec les gens du café qui habitaient près de l'estuaire où il y a une digue. Il avait un fils du même âge que le garçonnet qui s'était noyé et il faisait partie de l'association des parents d'élèves. D'ailleurs, je ne comprends pas pourquoi il ne s'en est pas souvenu plus tôt, mais enfin, quarante ans avaient passé depuis la disparition de la femme. Il ne se sentait pas en mesure d'être affirmatif.

Il n'y a pas longtemps, j'ai fait un petit voyage avec le club du troisième âge, une nuit seulement, c'est là que j'ai entendu ce que je vous raconte. Un des participants avait un fils qui travaillait dans la police de la région et qui lui avait plus ou moins confirmé que c'était bien la femme du café, elle était morte de maladie, des examens l'avaient prouvé. Inutile de vous dire que je suis tombée à la renverse ! Je ne sais pas pourquoi, mais je n'arrive pas à évoquer son visage. Je me rappelle seulement qu'elle avait les cheveux châtains et le teint clair… Mais ses traits, rien à faire. Tout le monde s'est mis à parler à la fois. Le café en question, c'était comment, les funérailles du mari, de l'enfant, quelqu'un se souvient de l'endroit où ça s'est déroulé ? Que des propos décousus. Ça par exemple ! Parce qu'il y avait un café à cet endroit ? Oui, quelqu'un s'étonnait. Ceux qui fréquentaient le café, ils ne sont plus là, ils sont tous dans l'autre monde… En écoutant la discussion, l'idée m'a traversée que si on l'avait trouvée là, c'était parce qu'elle avait décidé de mourir à cet endroit, sinon, quelle autre raison pouvait-il y avoir ? Oui, j'en suis persuadée. Je ne l'ai jamais dit à personne, mais j'admire cette femme, oui, sincèrement… »

Elle poussait de temps à autre des soupirs en regardant au loin. La vieille a continué à parler sans se presser, d'une voix douce.

« Mais quand même, cette décharge clandestine, c'est lamentable ! L'homme qui a été arrêté, c'est bien fait pour lui, il n'a que ce qu'il mérite ! »

Le couple était venu s'installer avec l'enfant vers la trentaine et comme quarante ans avaient passé, la femme devait avoir largement dépassé les soixante-dix ans. Quelle avait été sa vie, qu'est-ce qui l'avait décidée à venir dans la forêt ? Même s'il n'y avait pas autant de déchets que maintenant, l'obscurité humide de la forêt avait dû l'effrayer. Ou peut-être était-elle malade au point d'avoir perdu tout sentiment d'épouvante ?

A l'horizon du récit de la vieille, une pâle silhouette passe. Je n'ai jamais vu son visage. Mais, vaguement, je peux me représenter ses épaules alourdies par la décision qu'elle a prise de s'enfoncer dans la forêt. Son corps porte les signes du détachement, du renoncement et de la volonté d'en finir. Ceux qui errent au milieu des bois près de la mer, dans la plaine d'Aokigahara, au pied du mont Fuji, ont-ils une allure semblable ? La décision de mourir est-elle une condition suffisante pour surmonter l'effroi et faire le chemin jusqu'à l'endroit où l'on sait que tout va finir ? Peu importe, mon imagination n'était pas florissante.

Pourquoi ? Comment ? J'aurais beau poser des questions, aucune réponse ne viendrait, l'obscurité ne ferait que grandir.

Dans le même temps, ce squelette qui m'avait laissé un arrière-goût déplaisant s'était transformé en une chose empreinte de sainteté, comme un lys d'une blancheur immaculée flottant dans l'espace. Simplement parce que je savais qu'il s'agissait d'une femme.

J'ai compris plus tard pourquoi ni Kayoko, ni Tachibana, ni Kurata, ni Kawahara n'étaient au courant. Aucun d'eux n'avait participé à un voyage du club du troisième âge, ni n'avait de lien avec quelqu'un de la police ou de l'administration locale. C'était une vieille histoire que seuls les habitants du coin connaissaient. Cependant, je me demandais pourquoi Yôji, qui était originaire de la région, n'était pas au courant non plus, c'était pour moi un mystère. C'est Kayoko qui m'a fourni l'explication, d'un air mitigé.

« Vous comprenez, les gens ne parlent pas comme ça. Il y a des tas de choses que Yôji ignore. C'est que nous ne sommes pas du pays. Moi par exemple, je suis de Tôkyô, quant à Yôji, il a quitté la région. Je vous ai dit un jour, n'est-ce pas, que l'herbe n'était pas plus verte ici qu'ailleurs, ce n'est pas que les gens soient méchants, non. On parle de terroir, d'esprit du lieu, mais finalement, ce qui compte, c'est d'*être là*. Il y a comme une conscience collective, qu'on ne peut pas comprendre à moins d'être dans le pays depuis trois générations. Ce rapport aux choses tisse des liens mutuels délicats. Les relations humaines sont denses, impénétrables. Pour ma part, je n'en reviens pas qu'on vous ait raconté cette histoire ! En plus, je n'aurais jamais imaginé que vous connaissiez la vieille de chez Makomo ! »

Il y avait une autre raison. Ceux qui habitaient dans le coin, les Tachibana, les Kurata, sans oublier Kayoko, allaient tous faire leurs achats à la grande surface, en fonçant au volant de leur voiture. Ils confiaient directement leurs colis au centre d'expédition (non seulement ça revenait un peu moins cher, mais on acceptait les paquets à une heure tardive), quant au courrier, il arrivait plus vite à destination si on le portait au bureau de poste près de la gare, les levées des boîtes étant naturellement limitées. J'étais la seule à aller chez Makomo aussi bien pour les colis que pour les timbres, sans oublier huile, vinaigre et mayonnaise, car je n'avais pas de voiture. Ce jour-là, si la vieille dame bavarde n'avait pas tenu la boutique, je n'aurais sûrement jamais su ce qui s'était passé réellement. Pour la *pure étrangère* que j'étais, c'était comme un miracle qui s'était produit, j'avais du mal à y croire.

Ce soir-là, tandis que je contemplais depuis le pont Yukio la lune automnale, un grondement est parvenu à mes oreilles du fin fond de l'estuaire. Certains soirs ont soudain repris vie après un silence de quelque quarante années. Lorsque je venais d'avoir vingt ans, dans ma maison natale entourée de rizières, j'avais l'habitude d'écouter la radio en pleine nuit. Parmi ce qu'on diffusait, il y avait des chansons d'artistes qui avaient débuté au festival de musique pop. Mops, Nakajima Miyuki, Matsuzaki Shigeru, Inoue Yôsui dont je me rappelais exactement, sans savoir pourquoi, *L'avion de papier*, qui était sûrement de la même « promotion ». Moi qui avais écouté à la radio les chansons de ces jeunes artistes, j'étais aussi de la même promotion, encore qu'indirectement. Le couple de l'estuaire était de la même tranche d'âge. Les applaudissements des concerts qui parvenaient jusqu'à l'estuaire paisible, devenus une illusion merveilleuse, les grésillements des haut-parleurs, les voix sonores des organisateurs, ont caressé avec douceur mon cerveau avant de s'effacer.

Alors que ma tête retentissait d'une musique splendide, autour de moi tout n'était que silence. La lune était d'une clarté coupante. L'astre qui s'amenuisait de jour en jour indiquait distinctement, dans le contour de son arc, le temps disparu. La lune retrouverait de nouveau sa plénitude, mais le temps dans lequel vivaient les hommes se perdait définitivement, comme le sable file entre les doigts. Impossible de combler la faille par où il s'enfuit, comme on le ferait en bouchant un trou avec du mastic.

Tout comme de longues années avaient passé sur cette femme, j'avais traversé d'innombrables cratères qui me couvraient de leurs cendres. Les jours et les années s'écouleraient sans que je m'en aperçoive, et un jour viendrait où je me laisserais happer par l'éternité sombre comme la nuit. Même si je connaissais chaque jour la joie de vivre dans la péninsule, je m'avançais implacablement vers un lieu sans limite. Où finirais-je par mourir ? Quelle serait ma mort ? Serait-ce là où je l'aurais décidé ? Sans doute continuerais-je à vivre en répétant les mêmes pensées.

N'approche pas les morts !

Je le savais, je m'y efforçais, pourquoi pensais-je alors à une femme inconnue, était-ce parce que je lui superposais ma propre image lointaine ? Qu'est-ce qui l'avait poussée à ce geste ? J'ignorais tout, pourtant l'envie ne m'effleurait même pas de rejeter les mots qu'avait prononcés la vieille : « Elle voulait revenir ! C'est admirable ! » Chacun est en droit de mourir à l'endroit qu'il a choisi, chacun a le droit de revenir sur les lieux qui sont restés gravés dans sa mémoire et qu'il veut revoir. Je ne veux pas mourir dans un lit d'hôpital. Mais ce désir élémentaire est en passe de devenir irréalisable à l'époque qui est la nôtre. Où sont passées « les dernières volontés », l'ultime souhait ? Refuser le prolongement artificiel de la vie, refuser une tombe, cela revient-il à préserver ma liberté ? D'ailleurs, qui peut affirmer que cette volonté sera respectée ? Combien il est difficile d'assumer d'être seul !

Premier givre. C'est la saison où Sapporo connaît la première chute de neige. On sent la venue de l'hiver. Le moment est favorable pour planter les bulbes qui fleuriront au printemps. Planter les fraisiers. Ramasser les patates douces…

Et en cette fin d'automne, le hameau a retenti d'une musique inhabituelle. Au loin, on entendait un bulldozer et une scie électrique. J'ai su plus tard que de nouveaux arrivants faisaient des travaux dans une maison. C'était près d'ici, sur la falaise qui domine l'estuaire.

Les châtaignes sauvages tombent et tombent encore. J'avance en ramassant les bogues qui jonchent le chemin.

Cueilli les chrysanthèmes sauvages du jardin.

Mon frère a téléphoné pour me dire que ma mère toussait beaucoup à cause d'un mauvais rhume. Je prends l'autobus et je lui envoie du bouillon de tortue que j'ai trouvé au supermarché.

Les journées pluvieuses se sont succédé. Quand le temps se lève, je sors me promener, et je suis émerveillée. Entre les cryptomères et les pins, au milieu des feuilles mortes des aulnes qui couvrent la terre d'un brun sombre, des champignons dressent la tête, dans une grande variété de formes et de couleurs. Chapeaux pointus rouges, grands parapluies jaune vif, certains, tout blancs, pas plus gros qu'un pénis d'enfant, d'autres forment comme des grappes orangées. J'ignore lesquels sont vénéneux, lesquels sont comestibles, mais cette vie qui a poussé en une nuit dans la forêt l'embellit avec exubérance, elle dont les couleurs manquaient d'éclat.

Certains pointent leur tête sous les aiguilles de pin, d'autres s'accrochent aux troncs renversés. Poussant vers l'orée lumineuse de la forêt, j'ai aperçu des champignons qui ressemblaient exactement à des *shimeji*.

Kurata sera peut-être capable de reconnaître ceux qu'on peut manger. Je suis allée lui montrer ma corbeille mais, à ma grande surprise, il s'est contenté de déclarer : « Je n'y connais pas grand-chose, mais à mon avis, aucun n'est comestible ! »

Je les ai montrés à Kawahara qui a lancé au premier coup d'œil : « Ils sont tous vénéneux ! Surtout, n'allez pas vous amuser à y goûter ! »

J'allais chez l'un et chez l'autre, un peu comme on va se faire dire la bonne aventure. Les champignons poussaient partout, tels des êtres vivants, ils étaient comme la symphonie de la forêt.

C'est là, dans cette forêt, que j'ai aperçu une inconnue. Elle avait des tresses qui lui tombaient sur les épaules, un pantalon gris et un chandail rose, avec un tablier très long et noir. En regardant bien, ses poches étaient gonflées de glands, de châtaignes, de champignons rouges.

« Vous savez, il vaut mieux ne pas manger ces champignons, ils sont peut-être vénéneux, ai-je remarqué après lui avoir dit bonjour, en pointant le doigt sur les poches de son tablier.

— Ah, c'est bien ce que je pensais. Mais ils étaient si jolis », a répondu la femme d'une voix limpide.

Tiens, tiens, tiens, ça devait être la femme dont on entendait résonner le rire clair dans la vieille maison de la falaise au-dessus de l'estuaire, celle qui avait été vendue.

« Ce n'est pas vous qui habitez un peu plus loin, sur la hauteur ? ai-je demandé au hasard.

— Vous avez deviné ! Mon nom est Kuga », a-t-elle répondu dans un sourire.

Elle avait une jolie bouche aux lèvres pulpeuses. Elle m'a expliqué avec quels *kanji* s'écrivait son nom.

Depuis quelques semaines, on entendait le bruit de travaux du côté de la mer. Tachibana avait remarqué les fréquentes allées et venues de véhicules qui passaient devant chez lui avant de rejoindre la colline. Cette route était à l'origine pratiquée par les éleveurs d'huîtres et ne desservait qu'une maison. Il y a sept ou huit ans, elle appartenait à quelqu'un de Kyôto, le propriétaire était mort et c'était un agent immobilier de la région qui en avait la garde. La maison n'était pas particulièrement grande mais il y avait une belle surface de terrain, on avait tendu une chaîne entre les arbres pour en interdire l'entrée. J'avais entendu dire qu'un couple d'une quarantaine d'années l'avait achetée, c'était donc la femme que je venais de rencontrer.

« Je vais emporter ces champignons pour les dessiner chez moi. » Puis elle a ajouté précipitamment : « Il faut vous dire que les murs sont encore nus. Je suis peintre, enfin, je commence !

— Est-ce que la maison est déjà terminée ? »

Si les camions qui roulaient vers la falaise étaient remplis de terre, ils devaient bien transporter aussi du bois et du ciment ou de quoi monter des murs. On entendait fréquemment un bruit de scie électrique.

« Ça prend forme petit à petit. Nous venons de Nagoya. »

J'ai oublié quand j'étais allée jeter un coup d'œil, les arbres qui colonisaient le terrain étaient aux mains des bûcherons. Ils grinçaient terriblement en tombant. A chaque fois, les branches frappaient d'autres arbres et le tronc se déchirait avec fracas. Il était difficile de se frayer un chemin, mais au fur et à mesure que les grands arbres étaient abattus, la maison est apparue. On voyait au premier coup d'œil qu'elle était en mauvais état. Les ardoises noires du toit avaient perdu leur couleur pour devenir grises, les murs étaient couverts de lierre. L'entrée était envahie par les mauvaises herbes, le jardin rempli de racines de Chine et de verges d'or. Le couple venait donc chaque week-end de Nagoya pour faire des travaux de rénovation.

« Mon mari travaille à Nagoya cette année encore, si bien que nous sommes contraints d'aménager la maison petit à petit. »

Son mari enseignait dans un *juku* et il ne pouvait pas changer officiellement de domicile tant que son contrat n'arrivait pas à terme. Mais cela ne les empêchait pas de venir chaque week-end pour désherber, réparer le toit, remplacer les papiers peints, mettre de la terre dans le jardin. Ils y prenaient beaucoup de plaisir, mais depuis quelques jours, elle était seule. « Comme nous n'avons pas encore de futon, je dors à même le sol dans un sac de couchage », m'a-t-elle expliqué.

Depuis ce jour-là, je l'apercevais souvent, aussi bien dans la forêt, au cours de mes promenades, que tôt le matin, quand je sortais sur la terrasse. Elle traversait le bois d'un pas vif dans la fraîcheur de l'air matinal. Elle devait chercher des champignons ou des fruits tombés des arbres, penchée en avant, l'air de scruter le sol.

Je l'appelais, elle se retournait et me faisait signe de la main. Je jetais alors un chandail sur mes épaules et je descendais la rejoindre. « Si on continue sur cette sente, on tombe sur le petit estuaire qui se trouve en bas de votre maison. » Ou encore : « A marée basse, on peut aller sur le quai, jusqu'à l'embarcadère des ostréiculteurs » C'est ce que j'avais l'intention de lui apprendre, mais elle semblait avoir déjà assimilé la configuration du lieu, car elle sortait brusquement de la forêt et dégringolait rapidement jusqu'à la mer par un sentier que je croyais être la seule à emprunter. Elle me donnait l'impression d'être parfaitement familière des lieux.

Avec un long tablier, le bas se prend dans les herbes, et pour reprendre l'expression de ma mère, « les fruits éperdus d'amour » de la lampourde s'accrochent aux jambes. Sans doute l'avait-elle compris, car depuis quelque temps, elle portait un jean ou un pantalon de coton, et un foulard d'une jolie couleur lui entourait le cou, à moins que ce ne soit une serviette. Détail amusant : dans un grand seau, elle avait mis une serpe et une scie pliante.

« J'en ai pourtant bien assez avec les herbes du jardin, mais c'est plus fort que moi, il faut que je touche aux plantes et aux arbres de la forêt ! »

Je me suis souvenue des premiers temps où je venais dans la péninsule, j'étais tout le temps dehors, occupée à désherber et tailler les drageons. Incapable de me contenter du terrain qui m'appartenait, il fallait que j'aille jusqu'au marais éclaircir un peu les roseaux, les carex, les massettes. Elle avait exactement le même comportement que moi.

Ainsi, il y avait une autre femme que moi qui parcourait la forêt. Son mari travaillant à Nagoya, elle jouissait d'une entière liberté. Chaque fois que je l'apercevais, je quittais la maison et nous marchions ensemble.

Elle avait fini par dénicher un guide des champignons, et elle les examinait, eux qui devenaient chaque jour plus nombreux, en les comparant avec ceux qui figuraient dans son guide. Ah, celui-ci, ce ne serait pas un… Tiens, celui-là, c'est sûrement un… Regardez, on dirait une soucoupe volante ! Elle parlait avec excitation, si bien que je me retrouvais accroupie par terre à examiner avec elle les particularités de sa trouvaille. Quand nous avons découvert au bord du chemin une vesse-de-loup, nous avons échangé un regard : « C'est peut-être une balle pourrie ! »

Nous lui avons donné de petits coups à l'aide d'un bâton de bambou qui traînait là, et un liquide mousseux et noir a jailli. « Attention, ça va exploser ! » en éclatant de rire.

C'est au cours de cet automne que j'ai appris que le *kanji* qui désigne la moisissure se lit tout seul *ki no ko*, qui veut dire tout bonnement « champignon ».

Dans un dictionnaire étymologique, on trouve l'explication suivante : « *Kin* (moisi, bactérie) se développe dans les endroits chauds et humides. »

Les bactéries des champignons ne se développent pas simplement dans les endroits sombres et humides, elles ont besoin pour proliférer des rayons du soleil qui traversent la couche des feuilles pourries, en somme un sac de couchage tiède. Madame Kuga a dit en riant :

« Un sac de couchage ? Comme moi !

— Vous continuez à dormir dans un sac de couchage ? »

Non, elle avait apporté de Nagoya des vêtements et de la literie, car les matins et les soirs étaient plutôt frais.

Lorsque nous arrivons devant chez elle après avoir devisé côte à côte, je suis la plupart du temps en nage. Mais tout de suite, la sueur s'évapore, aspirée par l'air sec de l'automne.

J'embrasse du regard la maison des Kuga, je constate que les arbres ont pour la plupart été enlevés, la terre apparaît dans sa nudité rouge. La couleur terne des murs de la maison a disparu, pour laisser place à des planches qu'on est en train de clouer, dans le genre chalet de montagne. Quand le toit a-t-il été repeint, il brille d'une belle couleur noire. Je tendais le cou dans l'espoir d'apercevoir l'intérieur, quand elle m'a fait signe en disant : « Vous voulez jeter un coup d'œil ? » et la porte d'entrée s'est ouverte en grand.

L'ancien propriétaire était un vieux monsieur. Un peu comme je le fais moi-même, il venait plusieurs fois par an de Kyôto. Un jour où je l'avais rencontré par hasard, il m'a appris qu'il venait de subir une opération, on lui avait enlevé la moitié de l'estomac. Il était de petite taille et il avait maigri, car « depuis mon opération, j'ai du mal à assimiler la nourriture, si bien que je fais cinq repas par jour, des petites quantités, et c'est vraiment fastidieux ! » J'étais restée quelques années sans le voir, jusqu'au jour où j'ai appris que la maison était mise en vente.

Laissée à l'abandon, elle s'était détériorée d'année en année, seuls les arbres prospéraient, de plus en plus touffus. Les Kuga avaient acheté la maison ainsi que le terrain, et ils assumaient seuls la rénovation.

Les papiers avaient été refaits dans la pièce japonaise. « Voilà ce que j'ai mené à bien la semaine dernière », m'a expliqué madame Kuga. « Ici, c'est en plein chantier ! », tandis qu'elle me conduisait dans un grand séjour d'où l'on pouvait embrasser toute la baie. Escabeau et pots de peinture, planches, rouleaux de papier peint étaient posés par terre ou contre le mur, et il régnait dans la pièce une odeur entêtante de colle. La vue jusqu'à la mer était complètement dégagée, imprenable.

« Depuis qu'on a coupé les arbres, on voit tout. Et c'est tellement agréable quand je me réveille à l'aube ! En plus, on n'a pas encore posé de rideaux. Je peux voir les allées et venues des mouettes ! » Elle m'expliquait tout cela en pliant le linge qu'elle avait laissé dans la pièce japonaise attenante au séjour.

Ce week-end-là, il y a eu de nouveau des voitures qui roulaient en direction de la colline. Je suis allée jeter un coup d'œil, j'ai vu un homme de belle taille, en salopette noire, qui, monté sur le toit, était en train de réparer la gouttière. Un large chapeau de paille cachait son visage, mais j'ai deviné sans peine que c'était monsieur Kuga. Je savais déjà que sa femme s'appelait Yasuko, lui Kôtarô, et qu'ils étaient venus ici parce que son père était mort en laissant un héritage confortable, lui avait envie de faire une pause car le *juku* où il enseignait avait été racheté par une grosse boîte. A cela s'ajoutait l'asthme chronique de Yasuko, qu'ils espéraient voir s'améliorer en s'installant ici. J'étais donc au courant dans les grandes lignes de leurs motivations.

« Nous avons beaucoup hésité, mais une fois la décision prise, nous nous sommes curieusement sentis libérés d'un poids… » a-t-il commenté. Il avait l'intention de chercher du travail dans un *juku* de la région quand ils seraient vraiment installés car, ajouta-t-il, il aimait l'enseignement.

Dans cet endroit essentiellement habité par des gens âgés, la présence du couple a apporté de la vie de façon inattendue. Chaque week-end, j'emmenais Tachibana du côté de la maison d'où s'échappaient des bruits divers, de leur côté, les Kawahara, curieux de voir où en étaient les travaux, venaient aussi jeter un œil.

Plus que ma maison au bout du hameau, quelque peu dans les terres, celle des Kuga, d'où on pouvait voir l'estuaire juste en bas, avait un air engageant, elle attirait les regards. La vue à cent quatre-vingts degrés, le mouvement des vagues, tout contribuait à plonger le visiteur dans un état agréable. Il n'a pas fallu longtemps pour que je me retrouve à passer un moment de l'après-midi avec madame Kuga dans leur jardin encombré de matériaux, avec une thermos de thé et des gâteaux maison. Certains jours, la pelouse récemment posée embaumait l'air, d'autres fois, nous discutions ensemble pour savoir à quel endroit planter les roses ou les bulbes de l'automne, car ils hésitaient, moi, je ne me gênais pas pour donner mon avis.

Peu à peu, la rénovation avançait, moi, tout en goûtant à l'atmosphère pleine de vie qui émanait de l'intérieur de la maison rajeunie, je taquinais le couple : « Comment, à votre âge, vous parlez de retraite ? » Kôtarô disait d'une voix voilée, comme si elle ne voulait pas qu'on l'entende : « Non, ce n'est pas une retraite, c'est une aventure, l'aventure d'un nouveau monde. » Moi : « J'envie votre jeunesse ! Pouvoir ainsi se transporter sans hésitation d'un endroit à un autre ! » Je soupirais. En même temps, je me réjouissais d'être témoin de la métamorphose de leur maison qui prenait forme jour après jour.

Je me déplaçais de moins en moins, et si j'ai parcouru la péninsule en tous sens entre la fin de l'automne et l'approche de la nouvelle année, c'est à cause d'une réflexion de Kôtarô : « Nous sommes allés partout à la recherche d'une maison, mais c'est pour cet endroit que nous avons eu le coup de foudre. Le cap en face, comment dire, m'est apparu comme une *cerisaie*, vous voyez ce que je veux dire ?

— Une cerisaie ? Vous faites allusion à Tchekhov ?

— Tout à fait, *La cerisaie*, quand la fête est finie… » Avant d'ajouter à voix basse : « Le lustre d'autrefois.

— Je ne vois pas très bien…

— Si vous avez le temps, allez jeter un coup d'œil. Je parie qu'on y rencontre des spectres… Des fantômes qui ont le visage d'une bulle économique, vous voyez ? »

L'envie d'aller voir la cerisaie habitée par des spectres à tête de bulle s'est emparée de moi, j'ai pris la navette par une belle journée et porté mes pas vers le cap qui fait face à l'estuaire.

Il y avait du vrai dans ce que disait Kôtarô, mais j'y ai plutôt ressenti la nostalgie d'un film d'autrefois, un décor de cinéma où régnait une sorte d'émotion tranquille. On y avait aménagé de luxueuses villas, les lieux de villégiature ne manquent pas dans le pays, mais ici, les côtes à rias permettent de découvrir de magnifiques paysages. Malgré cela, l'endroit était pour ainsi dire désert. Le long d'une hauteur d'où l'on avait une vue splendide sur la mer, un hôtel touristique dans le genre Côte d'Azur, des maisons de repos équipée de thermes, des centres de recherche appartenant à de grandes entreprises, mais là encore, pas âme qui vive.

L'endroit que Kôtarô avait baptisé « La cerisaie » était, semble-t-il, un lotissement de villas luxueuses datant des années du boom économique, situé à flanc de montagne. Chaque parcelle ne devait pas faire moins de cinq cents mètres carrés. On écarquillait les yeux devant les villas toutes plus opulentes les unes que les autres. Garage imposant bâti avec d'énormes pierres, portail d'une élégance rare digne d'une demeure traditionnelle japonaise, maison à l'espagnole avec des murs couleur de terre cuite et un toit de tuiles orange. Il y avait une villa somptueuse dont les fenêtres étaient ornées de vitraux, avec une cheminée. La maison dans le genre chalet qui se dressait au sommet d'une falaise surplombant la mer était particulièrement belle, de loin, on croyait voir un tableau impressionniste. Autant de constructions qui symbolisaient l'époque de la bulle économique à son paroxysme.

On remarquait aussi certaines villas qui avouaient la débâcle de leur propriétaire. Avait-on été impuissant à conserver ce qu'on avait acheté à prix d'or, ou habité par le regret de se séparer d'une propriété où les parents avaient vécu ? Dans la lumière automnale, les demeures qui avaient envers et contre tout surmonté les épreuves de leurs occupants semblaient avoir vieilli depuis longtemps déjà, sans connaître leur destination. Voilà ce qui m'avait donné l'impression d'un décor de film.

J'avais entendu dire que ces maisons qui avaient coûté autrefois des dizaines de millions ne trouvaient pas preneur, même pour quelques millions de yens. La faillite d'une époque était tangible et l'image employée par Kôtarô qui avait parlé de spectres convenait à merveille. Car les maisons oubliées, les toits aux couleurs passées, les porches envahis par les herbes laissaient transparaître les mots de *tristesse, détresse, mélancolie, solitude, abandon.* Ces murs qui autrefois résonnaient de voix, ces chambres qui n'étaient que luxe et beauté, ces maisons abandonnées offraient une figure aussi pitoyable que celle d'une ancienne actrice décharnée.

Comme un contrepoint ironique, les abords de la baie où l'on avait édifié ces villas, particulièrement la mer que l'on voyait du haut de la colline, étaient magnifiques. Le bleu de la mer laissait voir les huîtres perlières, les coquilles Saint-Jacques et les algues d'élevage, les vagues blanches d'écume venaient lécher le sable de la plage où personne ne venait, la pointe de la falaise avec les rochers qui mêlaient leurs veines bleues et blanches… Ailleurs, les yeux étaient saisis par la beauté du vert éclatant d'un terrain de golf bordé de massifs de fleurs minutieusement choisies. A l'extrémité du cap, un hôtel de luxe dressait ses murs blancs éclatants de lumière, on croyait voir l'un des phares dont s'enorgueillit la région.

Je suis restée à contempler ce paysage crispé où se combinaient les choses qui continueraient à vivre et celles qui n'avaient pas survécu. D'un côté, la prospérité amenée par les riches touristes, de l'autre l'essoufflement et l'oubli. A Tôkyô aussi, on trouve des lotissements désertés par leurs habitants, des maisons oubliées au fond de ruelles, mais ici la beauté du paysage venait renforcer la désolation, qui n'en était que plus poignante.

Quand Kôtarô et sa femme avaient pris la décision de s'installer dans la région, ils avaient sûrement eu raison de ne pas jeter leur dévolu sur une de ces villas de luxe à la pointe du cap ou un de ces lotissements de résidences secondaires. Là où j'avais pour ma part acheté un terrain, les promoteurs avaient cessé de développer leur activité, on était loin du « lustre d'autrefois », qui ne se patinerait sans doute jamais. En revanche, il y avait un aspect positif, une espèce de nonchalance naturelle émanant des gens venus vivre là, des gens qui dépensaient avec sagesse leurs économies ou l'argent de leur retraite, cultivant des légumes ou ramassant des fruits dans la forêt, travaillant à teindre des étoffes. Chacun vivait selon ses critères, sans prétention, à son échelle.

Tous étaient étrangers au pays, ils y étaient pour une génération. Ceux qui avaient des enfants vivaient de leur côté. Le fait de ne pas être dépendant de ses proches était aussi un élément d'insouciance. Je ne voudrais pas oublier de mentionner l'importance de cette prise de conscience, cette volonté délibérée de ne pas s'immiscer dans les profondeurs de la communauté locale, qui a un passé riche et une longue histoire, de rester « un étranger », quelqu'un venu d'ailleurs. De ne pas s'impliquer lorsque ce passé ressurgit. Peu ou prou, les gens venus s'installer ici ont tous laissé quelque chose derrière eux.

Au même moment, je m'aperçois qu'il me faut renoncer à ce nouveau monde que Kôtarô espère trouver, mais décidément j'aime cette distance qui ne fait rien peser sur les autres, l'esprit de partage équilibré qui fait apporter discrètement à tel ou tel qui a un dérangement intestinal du riz bouilli et des prunes salées.

Jusqu'au début de l'hiver, tandis que le bruit des travaux continuait à retentir, les Kuga ont consolidé progressivement les bases de leur vie quotidienne. Sur le versant en pente où les arbres avaient été coupés, ils ont installé des parterres de fleurs, un potager et un verger. L'intérieur de la maison était encore loin du nouveau monde des splendeurs passées, mais les *fusuma* et le sol avaient été remis à neuf.

Tout en aidant son mari, Yasuko faisait parfois son apparition dans la forêt, nous cherchions alors ensemble des choses comestibles et nous revenions les yeux injectés de sang tant nous avions mis d'ardeur à les découvrir. Nous avions parfois la chance de trouver des fruits d'akébie tombés de l'arbre dont nous faisions notre goûter, des châtaignes que nous mettions à cuire. Si nous trouvions des boutons de dioscorée, nous faisions du riz en éminçant du gingembre frais.

Les champs de la fin de l'automne regorgeaient de trésors que les gens du coin ne daignaient même pas regarder…

A chaque fois, je poussais des soupirs. Ce que le système économique avait dédaigné, laissant les champs à l'abandon, nous le redécouvrions, autant de produits frais que nous mettions sur la table sans attendre. Quel luxe ! Quoi de plus magnifique que l'optimisme invincible qui permet d'être insouciant du lendemain si on a aujourd'hui de quoi se nourrir, la certitude que demain aussi sera sans problème ?

Est-ce un puissant optimisme qui me pousse, ou bien l'envie de manger ? J'ai pu entrer en possession d'un produit de luxe de l'automne. Oui, j'ai fini par trouver un champignon comestible, le bolet des bouviers. C'est Tachibana qui m'en a appris le nom.

« Avec la soupe de miso, c'est vraiment un délice ! »

Dans la pinède profonde que je traversais toujours d'un œil distrait, les champignons en question exhibaient leur chair grisâtre et gluante.

« Si près d'ici ? »

Je n'en revenais pas.

Ces bolets que je cherchais parmi les aiguilles de pin ressemblaient à des holothuries géantes.

« Si vous n'arrivez pas à les manger tous, vous n'avez qu'à les faire sécher pour les conserver. J'en profite pour vous dire que secs, ils sont peut-être encore meilleurs. On a vraiment l'impression d'une nourriture sauvage, et moi, j'aime bien ça », a déclaré Tachibana d'un ton pénétré.

Depuis, je suis allée plusieurs fois dans la pinède pour en ramasser. Tachibana avait raison, la soupe de miso s'imprégnait de leur saveur et le bouillon légèrement sucré devenait onctueux.

Les fleurs jaunes des séneçons ont fleuri dans le jardin, les feuilles des ciriers plantés au bord du marais devenaient écarlates. J'en avais fini avec la rude tâche du désherbage, et pour occuper mes mains désœuvrées, j'ai commencé à fabriquer des écureuils, beaucoup d'écureuils. J'arrondis les tiges d'akébie ou de glycine que j'ai ramassées dans la forêt, je décore avec des glands, des pommes de pin, les fruits rouges des racines de Chine. Les écureuils que j'ai fabriqués avec des plantes sauvages conviennent parfaitement pour décorer la petite maison de la péninsule où il n'y a pour ainsi dire pas de meubles dignes de ce nom. J'y ai posé délicatement une peau de serpent que j'ai trouvée dans le jardin au printemps.

Ce serpent, je le connaissais bien. Quand venait le printemps, il se faufilait sur le sol suintant d'humidité du marais. Ce n'était pas une vipère, c'était une couleuvre très mince. N'avait-elle pas de compagnon, je l'ai toujours vue seule.

Les écailles de la peau que j'avais conservée dans une boîte étaient transparentes, les yeux étaient nettement dessinés. J'avais hésité longtemps, me demandant si je ne ferais pas mieux de rendre à la nature cette dépouille intacte. Si on considérait que les glands ou les pommes de pin étaient autant de dépouilles naturelles, quoi de plus naturel qu'une peau de serpent serve à couvrir un écureuil ? Mon serpent dormait donc sur les fruits desséchés et les petites roses. Le serpent à moitié transparent entortillé sur les écureuils regardait dans ma direction, du haut du mur.

Diviser les plantes qui fleurissent au printemps. Mettre en terre les bulbes d'anémones et de tulipes. Tailler les arbres. Mettre de l'engrais pour les fleurs de l'été.

Sorti le poêle à pétrole.

Envoyé à N, une amie de lycée qui donne des cours d'arrangement floral, des racines de Chine et des branches d'hellébore. Elle s'est plainte de ne pas pouvoir acheter des fleurs sauvages, tant c'était cher.

Commencé à faire des confitures de fraises hivernales.

Rabbatu les tricyrtis dont les fleurs sont fanées. Les séneçons sont toujours en fleurs.

Le soir, je parcours les journaux que je n'ai pas ouverts depuis plusieurs jours. Lisant pour la première fois depuis longtemps le « Courrier des bateaux de pêche en haute mer », je m'aperçois que la plupart sont rentrés l'un après l'autre dans les ports alentour. Les bateaux qui naviguaient au large de Kayao ou de Cristobal, tels que l'*Owashi* ou le *Mikiura*, sont revenus. Tous les équipages sont sains et saufs.

Le tout début de l'hiver est passé, et quand les petites fleurs orangées des osmanthes ont cessé d'embaumer l'air, bois et forêts s'animent d'éclatantes couleurs, jaune, rouge, vert. Les feuilles des ginkgos se parent d'or en commençant par Sapporo, puis Nagano, avant de se déplacer lentement vers Fukuoka.

Nul besoin de consulter le calendrier des vingt-quatre saisons, le changement se fait clairement sentir à l'air et aux couleurs de la forêt. Je me disais bien ce matin que la température avait fraîchi, le flamboiement des érables s'était intensifié. La péninsule est une région où dominent les arbres à feuilles persistantes. Pourtant, certains endroits sont plantés d'essences différentes, et les feuilles qui rougissent se remarquent encore plus au milieu de l'ensemble vert.

Comment Henry David Thoreau, lui qui aimait tant Walden, a-t-il fait pour lui dire adieu ? A la fin de *Walden ou la vie dans les bois*, émergent du flou de ma mémoire ces mots : « Je suis parvenu à la conclusion qu'il me fallait pour continuer à vivre mener une vie différente. Il m'était devenu impossible de consacrer tout mon temps à la forêt. » Tout est dit. De la forêt à la ville… D'une vie fondée sur la régularité, il est passé à la diversité qu'apporte le voyage. Voilà ce qui lui a fait abandonner la forêt.

Qu'en est-il de Hesse ? Quand il a quitté sa maison au bord du lac de Constance pour s'installer en Suisse, dans la banlieue de Berne, ne sachant comment dire adieu à la maison où il avait vécu jusque-là, il s'est enfui dans le jardin. Adorable Hesse ! Quel enfant !

Pour ma part, j'hésiterais si on me demandait de quel côté je penche. Je pourrais répondre que je me sens proche de Hesse, tout comme je pourrais choisir le camp de Thoreau. Cependant, je diffère de l'un comme de l'autre en ce que je ne suis pas naturaliste ni ne dénonce le matérialisme. Je n'ai rien contre les nuits pleines de lumière des grandes villes du XXIe siècle et j'ai toujours profité des commodités de la vie citadine. Par ailleurs, j'aime aussi la forêt qui, la nuit, a une odeur de préhistoire. Je me sens d'humeur joyeuse quand je fais du lèche-vitrines, tout comme je suis tentée par l'observation des êtres vivants de la forêt et les promenades le long de la mer. En bref, je suis habituée à jouir des deux, et je sais que je ne pourrais jamais renoncer à l'un ou à l'autre.

A la mi-décembre, la température a baissé d'un seul coup. Un matin, en ouvrant la fenêtre de la terrasse, le sol avait blanchi. Surprise, je suis restée un moment à regarder, avant de constater qu'une fine couche de givre s'était déposée.

Dans les maisons voisines, les fleurs de chrysanthème se tenaient blotties. Chrysanthèmes miniatures ou en grappes, couverts par les fleurs des arabias géants qui s'égrenaient.

Les rayons de soleil qui striaient d'or la forêt automnale avaient soudain revêtu une lumière pâle. En contrepartie, la forêt me semblait davantage encore empreinte de mystère.

Les champignons aussi, qui éclataient de couleurs vives, avaient disparu, la forêt sombre était enveloppée de formes obscures. J'ai sorti du placard une écharpe de laine, des gants, j'ai mis des jambières.

Enfouie sous un anorak thermique, je suis descendue sur la plage à marée basse, des huîtres étaient serrées les unes contre les autres, accrochées à la digue ou aux flotteurs qui soutenaient les filets. En hiver, la coquille hérissée durcit ses écailles, et on comprend tout de suite que l'huître grossit à l'intérieur, protégée par la solidité de sa carapace.

Munie d'un marteau, je tapais légèrement sur les mollusques qui restaient accrochés aux cordes reliant les flotteurs. Ils se détachaient facilement, remplissant un seau que je rapportais à la maison, et chaque jour je me régalais. Tantôt je me préparais un plat mijoté, tantôt je les faisais frire, quand je ne confectionnais pas des *tsukudani*. Ou encore, je les faisais revenir au beurre ou gratiner.

« J'ai beau en manger tous les jours, je ne m'en lasse pas », ai-je dit à Kayoko, qui a répliqué : « Quoi d'étonnant ? C'est qu'on ne se lasse pas facilement des cadeaux ! » d'un ton qui semblait vouloir s'assurer que j'étais reconnaissante de tous les dons que la région me prodiguait.

Nul besoin d'apporter un marteau, il suffisait d'être là quand la mer se retirait pour ramasser sans compter les huîtres que les vagues avaient fait rouler sur la plage. Je n'avais pas mis longtemps pour me faire une idée des plages où je pouvais trouver telle ou telle quantité de coquillages. Si j'en ramassais si assidûment, c'était parce que Kurata m'avait appris des recettes délicieuses, l'une qui consistait à les faire mijoter avec du sucre brun et de la sauce de soja, l'autre à faire macérer dans de l'huile les huîtres fumées… C'est le plat le plus savoureux de la péninsule. Tandis que je ramassais les coquillages, l'idée me traversait de temps en temps que c'était peut-être du vol, ou du vandalisme, mais après tout ce n'étaient ni des ormeaux ni des écrevisses que je venais prendre ainsi ni vu ni connu. J'ai décidé de considérer que c'étaient de simples présents que me faisait la nature. Quant aux coquilles, elles me servaient d'engrais pour mon jardin, une fois que je les avais concassées. Je ne faisais pas de gâchis, je n'avais rien à me reprocher. Voilà ce que je me disais.

La grève était silencieuse, je ne rencontrais jamais personne. Mais les oiseaux migrateurs emplissaient l'air de leurs cris.

Je ne connais pas grand-chose aux oiseaux. Je sais distinguer seulement les oiseaux à lunettes qui viennent dans le jardin au printemps, les rossignols, les mésanges, quant aux oiseaux de mer qui s'assemblent sur la grève pour picorer avant de prendre leur vol, je ne fais pas la différence avec les mouettes.

En touchant de mes bottes le sable qui gardait l'empreinte des pattes d'innombrables oiseaux, je sentais immédiatement l'élasticité du sol souple imprégné d'eau de mer. Les après-midi d'hiver, la vase est toute tiède. Sur le sable tendre, les petits coquillages *makigai* se déplacent lentement. J'ai pu voir des crabes pas plus gros qu'un grain de riz s'empresser de creuser le sable pour disparaître. A marée basse, algues et goémons que la mer a déposés restent collés aux rochers, si bien que je les ajoutais aux huîtres dont j'avais rempli mon seau. Une fois séchées, ces algues faisaient de mon bain un moment de bienfait pour mon corps fatigué.

Quand vient le soir, le poêle à pétrole rougeoie, j'approche ma chaise du feu et je peux enfin me plonger dans un livre. En fait de m'adonner à la lecture, il serait plus juste de dire que je me contente de feuilleter les livres que j'ai entassés dans un carton en venant ici.

Dans le calme de la péninsule, on s'aperçoit bien vite à quel point la télévision est vulgaire et gênante. Contrairement à la musique que je peux choisir selon mes goûts, j'ai beau changer de chaîne, je ne tombe que sur des émissions abrutissantes. Alors, j'éteins le poste et je sors sur la véranda.

Est-ce Buson qui a chanté l'« aveuglante lumière de la lune sur les rochers de l'hiver » ? On croit entendre le craquement de la lumière sur les branches, sur la moindre pierre. Les ombres noires dans la forêt, la rangée de petits arbres devant l'entrée, la route qui passe devant la maison en plan incliné, tout déborde du crépitement silencieux des éclats tranchants du clair de lune. Moi, je me penche sur la profondeur des ténèbres silencieuses où ni voiture ni âme ne passe, et mon oreille savoure l'ineffable plaisir d'être absorbée par la densité du silence.

Par un après-midi tiède aux approches de décembre, je me suis dirigée vers l'atelier du miel avec un sac à dos qui contenait des pots de confiture de fraises d'hiver. Pour confectionner cette confiture qui a la couleur des poinsettias, je n'avais pas quitté la cuisine pendant plusieurs jours. Sans doute le vent avait-il apporté des graines, car ces fleurs s'étaient multipliées sans que je m'en aperçoive et elles couvraient le jardin ainsi que le marais.

Contre toute attente, les racines sont extrêmement solides, rien ne sert de les arracher, elles prolifèrent. En été, elles montrent leurs petites fleurs blanches, quand vient l'hiver, elles se couvrent de petits fruits rouge rubis. Il est très difficile d'arracher des branches ces fruits qui n'ont que quelques millimètres de diamètre, en revanche, si on a le courage de les faire bouillir, ils remplissent une marmite entière. En y ajoutant du sucre et du jus de citron, on obtient une confiture couleur de vin.

« Cette année aussi, la récolte a été bonne », ai-je commenté.

Dans l'atelier, un grand poêle à pétrole chauffait, nous avons bu du thé accompagné de crackers recouverts de confiture de fraises, la conversation allait bon train.

Les Kuga viendraient passer une semaine, de la fin de l'année au Jour de l'an, dans leur nouvelle maison qu'ils avaient presque fini de restaurer, Kayoko préparerait un *zôni* en y mettant des *mochi* rectangulaires comme à Tôkyô (par ici, ils sont ronds), tel ou tel avait fait l'acquisition d'un nouveau tracteur, pêché une énorme daurade noire, quelqu'un assurait que le mieux était d'aller au marché qui se tenait sur le port pour faire les provisions de début d'année. Autant de propos sans importance.

L'hiver, l'activité de la miellerie est en veilleuse, comparée à la période de butinage. Le travail se résume à aller jeter un coup d'œil de temps en temps aux ruches pour s'assurer que les abeilles se nourrissent suffisamment et sont au chaud. Il faut aussi réparer les vieilles ruches et protéger des frimas les parterres de fleurs destinés à leur procurer du pollen au printemps. Ce qui explique que Yôji se joint à nous, et l'heure du thé se prolonge dans l'insouciance.

« C'est bien de n'avoir rien à faire !

— Parle pour toi. L'entretien d'une maison ne laisse jamais en repos !

— Je me demande si je ne vais pas acheter un nouveau camion…

— Fais comme il te plaît. Mais tu es prié de te débrouiller pour l'argent !

— L'autre fois, en voyage, j'ai rencontré quelqu'un qui fabriquait du *hechima* noir, il paraît que c'est très efficace.

— Si je comprends bien, tu as changé de sujet…

— C'est efficace pour quoi ? ai-je demandé.

— Les hémorroïdes. »

Nous avons éclaté de rire, tout en sirotant notre thé au miel.

De retour chez moi, j'allume le poêle, et l'envie me prend de sortir du fond d'un carton quelques disques. Au printemps et à l'automne, toute mon attention avait été accaparée par le concert que jouaient les êtres de la nature, rossignols, cigales, grillons. Mais mon oreille désirait à présent une autre musique.

Haendel et Mozart que je n'avais pas écoutés depuis longtemps, au rythme du feu qui rougeoyait dans le poêle, ont pénétré toutes les fibres de mon corps. Je ne m'y attendais pas. En même temps, mes yeux sont tombés sur une biographie de Glenn Gould, *Piano solo*. Ce livre, je l'avais jeté dans un carton en même temps que les disques. Par rapport au recueil de poésies de Kaneko Mitsuharu, rempli de vide, l'écriture en était serrée. Tout en me demandant si j'arriverais à le lire jusqu'au bout, j'ai commencé à parcourir quelques pages. Selon Michel Schneider qui a rédigé le texte, Glenn Gould aimait le Grand Nord. Non pas géographiquement mais dans son cœur. Il aimait le froid, la vie qui palpite sous la glace. Les dernières années de sa vie à l'écart du monde, il les a passées dans la réflexion et la méditation, gelant toute sensualité, dit encore Schneider.

Quelle terrible solitude !

Ce n'est pas que je déteste la pureté du froid, mais j'aime bien boire une tasse de thé en compagnie de quelqu'un, dans la chaleur du poêle, tandis que de la musique remplit la pièce. La solitude pour découvrir la vie qui se cache sous la glace, très peu pour moi, quant à geler ma sensualité sous prétexte que je n'ai plus l'âge, je n'y ai jamais pensé. La vie de Gould n'est qu'une suite de zones interdites. C'est une vie à l'extrémité d'une sphère lointaine où personne n'habite, recouverte de métal et de glace, une planète inconnue et solitaire.

Nul cri d'insecte, nul chant d'oiseau. L'homme peut-il vraiment vivre dans un lieu qui refuse le monde extérieur ? La musique qui retentit à l'intérieur de soi constitue à elle seule le monde. Comment faire pour supporter la solitude absolue ?

Fatiguée de lire, je suis allée en autobus jusqu'au bord de la mer et j'ai regardé l'océan. L'hiver rendait les falaises encore plus sauvages, plus redoutables. Est-ce parce que l'air était limpide, la frontière entre la mer et le littoral était plus nette qu'en été. Les rochers et les falaises se découpaient, acérés comme des lames, sous les assauts du vent violent qui soufflait sans trêve.

Il me semblait que les vagues puissantes de la marée montante qui éclaboussaient le rivage composaient un mugissement familier en même temps qu'effrayant. La crête des vagues se soulevait sans répit. Même l'hiver, la mer est sensuelle et hardie. Elle me donne l'impression d'un être sadique doué d'une langue précise, de doigts et de dents. La mer !!!

Quant aux champs et à la forêt, recroquevillés sur eux-mêmes, ils préparaient les bourgeons que le printemps ferait bientôt éclore.

Dans la forêt, j'écoutais l'avancée du printemps. Le sommeil des graines sans nul rapport avec le gel des sens, la montée de la sève qui se préparait. L'après-midi paisible du plein hiver où rien ne semblait être en mouvement, le CD que j'écoutais dans la maison, dans la forêt ou au bord de la mer, une musique différente m'enveloppait, je me laissais aller sans résistance.

Chutes de neige. On a annoncé les premiers flocons dans la région de San-in. Près de Tôkyô, c'est la saison des feuilles mortes et des premiers frimas. Le meilleur moment de l'année pour faire de l'engrais avec les feuilles pourries. Cueillette des fruits des gardénias.

Hiver. Cueillette des cédrats. Les narcisses commencent à fleurir.

Bain parfumé. C'est Kawahara qui m'a donné les agrumes.

Je confectionne encore une fois des confitures de fraises d'hiver.

Pour la première fois depuis je ne sais combien d'années, je prépare un consommé de daurade. C'est Yôji qui l'a pêchée.

Je vais au bureau de poste pour acheter des cartes de vœux. Je mets plusieurs jours à les écrire.

Jour de l'an. Je vais passer deux jours seulement chez ma mère, je mange un *zôni* simple et campagnard, composé de quelques feuilles nouvelles et de bonite râpée, ainsi que des plats préparés par la femme de mon frère. Moi qui m'attendais à voir le train bondé, celui de la ligne privée qui dessert le sanctuaire d'Yse est vide, c'est parce que je vais dans la direction opposée. Au retour, l'affluence est normale, des personnes âgées pour la plupart.

Après avoir regagné la péninsule, je n'avais absolument rien à faire. Les quelques travaux qu'on m'avait demandés, je les avais terminés en décembre, et les bulbes que j'avais mis en terre dormaient en attendant l'arrivée du printemps. Peut-être les crabes hibernaient-ils, on n'en voyait pas un seul. Les oiseaux migrateurs sillonnaient le ciel.

Le hameau qui s'animait l'été de ses vacanciers ne recevait plus la moindre visite. Kurata était parti s'acquitter de ses devoirs familiaux, comme il le faisait deux fois par an. Sans doute, cette fois encore, serait-il accueilli du « déjà de retour ! » que nous lui réservions habituellement.

A ce moment de l'année, l'école de teinture de Tachibana était en vacances. Hiraoka aussi, l'amateur de golf, était invisible. La maison des Mochizuki gardait ses volets fermés depuis l'été. Mon chat occupait la terrasse de la maison inhabitée que chauffaient les rayons du soleil. Dès que le soleil disparaissait, il fuyait la terrasse et venait se blottir dans un placard. Tout sommeillait.

Les abeilles ne sortaient plus butiner, si bien que j'allais souvent en ville tantôt avec Kayoko, tantôt avec Yasuko, parfois toutes les trois. Sans doute parce que le nombre des surfeurs et des touristes avait diminué, tout était tranquille. Les personnes âgées restaient chez elles, les jeunes étaient dans les grandes cités. Seul le supermarché conservait une certaine animation.

J'ai acheté pour le dîner un plat tout prêt, des filets de poisson susceptibles d'être mis au congélateur en quantité, hésitant parce que c'était peut-être encore un peu tôt, de quoi enlever l'amertume des légumes de printemps, plusieurs boîtes de conserve.

Dans le bus du retour, rien que des femmes. Les recettes de chacune pour le dîner fusaient. On en a assez du Jour de l'an, de préparer des plats spéciaux ! Ce serait génial de se calfeutrer quelque part sans rien faire ! disaient en riant les deux épouses.

Cependant, on aura beau s'enfermer, bientôt cet état prendra fin. Car tout a une fin. Un jour viendra où il faudra quitter l'endroit où l'on est.

J'ai lu aujourd'hui jusqu'à la page 192 de la biographie de Glenn Gould, et j'ai découvert un passage où finalement, il quitte sa planète de méditation, c'est-à-dire les pays du Nord, pour se mettre à déambuler dans les rues de New York. Est-il revenu à son humanité ? Est-ce une défaite ? Il s'est échappé de sa solitude.

Je n'arrive pas à imaginer Glenn Gould en train de faire des achats en ville ou manger un énorme bifteck en compagnie d'un ami, mais ce qui est certain, c'est qu'il a fui son univers de glace et choisi de vivre avec les hommes qu'il avait si longtemps détestés. A moins que sa conduite ne soit le signe, comme semble le dire Schneider non sans ironie, que « les anges approchent de leur fin quand ils s'éprennent des hommes » ?

Deux ans plus tard, Gould mourait. Je ne suis pas spécialiste de sa musique, mais il me semble pouvoir comprendre la psychologie du pianiste qui s'en est retourné à la société des hommes. Après tout, l'homme n'est-il pas de passage, un être de transition ? Du malheur au bonheur ou l'inverse, de la solitude à la multitude, d'un être à un autre, du calme à l'animation, le cerveau sans cesse va du passé au présent, du présent au passé, parfois même, il s'aventure jusque dans un lointain futur.

Celui qui a passé sa vie entière au même endroit, à l'étroit dans une cabane, écrit : « Le cours de la rivière qui va jamais ne tarit, et pourtant ce n'est jamais la même eau[1]. » Telle était la musique de Glenn Gould.

---

1. *Le cours de la rivière qui va jamais ne tarit, et pourtant ce n'est jamais la même eau.* Dans le roman, la citation s'arrête ici, sans doute parce que tout le monde au Japon connaît la référence. Voici la suite : *L'écume qui flotte sur les eaux dormantes tantôt se dissipe tantôt se reforme, et il n'est d'exemple que longtemps elle ait duré. Pareillement advient-il des hommes et des demeures qui sont en ce monde.* Kamo no Chômei, *Hôjôki, Notes de l'ermitage*, texte de 1212, dans la traduction de René Sieffert, Publications orientalistes de France, 1995.

Il allait et venait entre les sons graves et les aigus, entre les pauses et les chromatiques de la partition. Jamais il n'est resté au même endroit.

Où vais-je donc aller ?

Depuis mon arrivée dans la péninsule, c'est la première fois que je réussis à lire un livre jusqu'au bout. Quelle paresse, quelle longue pause !

J'ai refermé le livre et je l'ai remis à sa place initiale, au fond d'un carton.

Les fleurs rouges des camélias tombent. Il serait vain de les compter. Le rouge des fleurs qui se chevauchent recouvre presque tout le chemin, montrant parfois le jaune vif du pistil. Les fleurs sont tournées vers moi, comme une bouche ouverte, béante, qui offre au regard la couleur écarlate de ses muqueuses.

Je marche sur un chemin bordé d'arbres touffus. Je ne sais pas où je vais, l'endroit m'est inconnu. En revenant de l'atelier du miel de Kayoko, l'envie m'est venue d'emprunter un chemin inconnu. Je me suis parfaitement habituée à me promener toute seule depuis que je suis ici. J'ai monté et descendu plusieurs raidillons. J'avançais sans dévier d'un pas sur des sentiers pleins de méandres, des sentiers champêtres où personne ne passait, en direction d'une baie que je ne connaissais pas. Il ne neige pour ainsi dire jamais par ici, parfois cependant quelques flocons se sont mis à voltiger. Ce soir peut-être, on pourra voir la neige danser.

Bien qu'un jour comme celui-ci, le plus sage soit de rester devant le poêle, j'avais eu soudain envie de me dégourdir les jambes et je m'étais dirigée vers l'atelier. Comme toujours, nous avions pris un thé chaud additionné de miel, bavardé tant et plus, et je l'avais quittée vers deux heures de l'après-midi. On était en plein jour, mais d'épais nuages couvraient le ciel, l'air se refroidissait. En même temps, comme poussée par une force mystérieuse qui ne me laissait pas de repos, j'accélérais le pas.

Ah, je n'aurais pas dû m'aventurer si loin ! Le froid et la solitude me faisaient rentrer le cou dans les épaules. C'est au moment où j'allais renoncer à aller jusqu'à la baie inconnue que le chemin tout rouge de fleurs de camélias a surgi devant moi.

C'étaient des camélias sauvages. J'ai levé les yeux et j'ai vu que les branches dessinaient un arc au-dessus du chemin. La couleur blanchâtre des troncs accentuait l'éclat des feuilles qui brillaient d'un reflet sombre, des fleurs sans nombre étaient tombées. Des bourgeons aussi, innombrables. Même en se tordant le cou pour voir entre les branches, on ne distingue qu'une masse compacte. Quelque part, le bruit d'une chute, les fleurs tombent sans répit. Ce léger bruit résonne dans mon cerveau, un coup sourd suit un autre, mais je ne discerne pas où tombent les fleurs qui forment un épais tapis rouge.

Sans les fleurs qui jonchaient le sol, je n'aurais sans doute jamais connu le bois de camélias. Tout au long de ces années où je parcourais la péninsule, il ne faisait pas de doute que j'avais manqué plusieurs de ces forêts de camélias. Je comprenais enfin en levant la tête qu'ici, il y avait ces arbres, et j'ai prêté l'oreille à cette nouvelle voix.

Pendant un moment, j'ai écouté attentivement la chute des fleurs qui touchaient le sol avec un bruit sourd. Etait-ce au-delà de l'arc de branches au-dessus de ma tête ? Au milieu de ce calme, comme si le temps s'était arrêté, le bruit de la chute des fleurs me parvenait à vif. Etait-ce pour l'entendre que j'avais pressé le pas, comme si quelque chose me poussait dans le dos malgré moi ? Tandis que cette idée me venait, la couleur des fleurs était si vive que j'en ai ramassé quelques-unes pour les fourrer dans mon sac à dos. Tirant sur les branches à portée de ma main, j'ai réussi à en casser une qui portait de belles fleurs. La récolte du jour, c'était une branche de camélia. Les fleurs rouges ne manqueraient pas d'apporter de l'éclat à l'entrée glaciale de la maison ou dans un coin du séjour.

Marcher ainsi sur les fleurs répandues a refroidi mon envie d'aller plus loin. Le chemin était le cimetière des camélias. A moins que j'aie été saisie d'effroi. Si je faisais un pas de plus, je serais aspirée par la terre, j'avais l'impression que mon corps ne pourrait plus retrouver le chemin du retour. Sous l'écorce verte et douce se cachait une vallée qui semblait vouloir m'attirer, sous les dépouilles des fleurs aussi, un chemin irrésistible et invisible existait. Les fleurs qui connaissaient leur fin en cette transition de saison savaient que c'était sans doute le dernier lieu qu'il leur serait donné de voir. A l'instant où cette pensée me venait à l'esprit, l'odeur des fleurs, que j'avais prise pour celle du miel renversé, a imprégné l'air d'un remugle de pourriture.

Sur le chemin du retour, je me sentais mal à l'aise, tant l'image des âmes rouges jetait des étincelles dans mon cerveau. Depuis longtemps je n'étais plus réglée, mais c'était comme si l'odeur du sang qui coule chaque mois renaissait au creux de mon corps. Comment pouvais-je ainsi faire le rapprochement entre le rouge des fleurs tombées et celui du sang menstruel ?… J'ai hâté le pas, pour écraser le rouge que je foulais aux pieds.

Quand les arbres se sont éloignés, le ciel lourd de nuages qui m'enveloppait s'est éclairci, une lumière pâle frappait le sol desséché de l'hiver. Pourquoi la forme de ces fleurs si belles avait-elle évoqué dans mon esprit l'image du fond de la gorge ? Pourquoi la lumière sombre et froide qui traversait les arbres m'avait-elle fait penser crûment au corps humain ? Peut-être aussi le fait de marcher seule sous les nuages avait-il provoqué en moi une légère angoisse et donné à voir des bribes de chair et du sang. Ce chemin solitaire, dans le froid de l'hiver, sous les arbres qui entouraient la baie semblable à un fœtus dans l'utérus sombre, m'avait entraînée dans le temps de l'au-delà.

L'effroi de m'être égarée dans un monde où je n'aurais pas dû pénétrer a continué de m'habiter longtemps après mon retour à la maison.

« Mais je la connais, cette voûte d'arbres ! Le chemin était tout rouge, n'est-ce pas ? »

Pour apaiser ma nervosité, j'avais appelé Kayoko, qui m'a répondu d'une voix rieuse.

« Ces camélias surprennent toujours. Comment, rouge comme le larynx ? Cette idée ne m'est jamais venue, a continué Kayoko d'une voix sereine. Plus loin, c'est un immense marais. Comme celui qui se trouve en bas de chez vous, il est envahi de carex et de massettes. Autrefois, on y élevait des carpes, mais maintenant ce doit être le paradis des oiseaux migrateurs. » Puis elle a ajouté : « Mais vous savez, ce n'est pas un endroit où aller en cette saison ! »

Elle avait raison, c'était exactement un cimetière. C'était seulement l'hiver que le cimetière rouge se montrait. J'ai regretté de ne pas avoir emporté mon appareil photo. Je me désolais de ne pas avoir conservé d'images de ce cimetière que les fleurs avaient façonné sans que personne le sache. Si j'avais conservé la trace des pétales qui m'avaient semblé être des morceaux de chair, peut-être aurais-je pu accepter la peur qui avait traversé mon cœur. Qu'est-ce que je disais, on dirait bien un larynx, non ?

Les jours passaient lentement. Un matin, j'ai trouvé à ma porte deux choux chinois, c'est Kurata qui les avait déposés, une autre fois, le sommeil m'a fait lâcher le journal que j'étais en train de lire et je me suis enfouie de nouveau sous l'édredon, un autre matin, j'ai trouvé un avis signalant qu'un colis envoyé de Tôkyô était arrivé en mon absence. J'ai téléphoné pour demander qu'on me le livre de nouveau, c'était un colis de kakis secs que m'envoyait un ami de Yamagata à qui je n'avais pas encore donné ma nouvelle adresse. Une fine poudre blanche couvrait les petits fruits que la famille de cet ami récoltait tous les ans dans leur jardin. J'avais toujours reçu ce présent de l'hiver à Tôkyô.

A ce moment de l'année, je délaissais complètement le jardin et le marais. Le calendrier avait beau proclamer l'arrivée du printemps, les plantes et les bulbes étaient encore endormis. Je laissais le poêle allumé toute la journée, je suivais du regard le chat qui sortait dans le jardin, je m'affairais à la cuisine, mettant à cuire de gros navets, faisant macérer au sel une grande quantité de feuilles de chou chinois. La journée passait en un clin d'œil. Le jour tombait très tôt, quand on y prenait garde, on pouvait voir au-delà de la forêt à l'ouest l'astre rouge en train de se coucher.

Le soir, tout ce que je pouvais faire, c'était de sortir sur la véranda pour regarder les étoiles. Par milliers, les étoiles sillonnaient en silence le ciel glacé. Orion et l'étoile du Berger étaient juste au-dessus de la maison, quant aux autres étoiles, j'en ignorais le nom. A travers les branches que le vent du nord agitait, je prenais plaisir à observer le miroitement blanc dans le noir du ciel, les points argentés dans l'obscurité.

Au milieu de la tranquillité des ténèbres de laque noire, on entendait le bruit inchangé de l'eau de source qui éclaboussait la surface finement gelée du marais. Comment l'eau jaillissait-elle de la terre, le bruit n'était pas régulier, il scandait un rythme presque imperceptible.

Quand je restais à écouter le bruit de l'eau, je pensais aux entrailles sombres de la terre. L'envie ne me quittait pas d'aller jeter un œil sur l'origine du rythme invisible de l'eau. Quel âge avait l'eau qui coulait en ce moment même ? Ce qui avait mis de longues années pour arriver, ce qui avait pris la couleur des falaises proches, tourbillonnait sous terre et traversait un passage invisible. A me dire que cette eau retournait à la mer, mon cœur était partagé entre l'effroi de l'infini du voyage de l'eau et une irrépressible attirance.

Tandis que je tendais l'oreille machinalement vers le bruit de l'eau, soudain le visage d'un homme a surgi dans mon esprit. Comment s'appelait-il ?... Il occupait l'appartement juste au-dessus du mien, à Tôkyô. J'y suis, monsieur Okamura. Il s'était installé à peu près au même moment que moi et vivait seul.

Simultanément, je me suis souvenue avec exactitude de la literie inondée, l'oreiller de son alourdi par l'eau, les murs du placard où les infiltrations avaient dessiné des motifs par endroits. Non seulement le placard, mais le sol des toilettes aussi était mouillé, l'eau avait traversé les murs.

C'était il y a trois ans, au début de l'été. Tard le soir, je m'étais mise au lit. Du côté de la cuisine et du placard, on entendait un faible bruit auquel je n'étais pas habituée. Flic flac. J'ai d'abord pensé que c'était le chat qui buvait. Mais il était couché en boule sur mon édredon. Qu'est-ce que ça pouvait bien être ? Avais-je oublié de fermer le robinet de la baignoire ou de la cuisine ?

Intriguée, je me suis levée pour aller voir et je n'ai pas pu retenir un cri de surprise. Dans la cuisine, à la jonction des murs et du plafond, des gouttes d'eau roulaient. Une fine couche d'eau couvrait le parquet. Stupéfaite, j'ai regardé autour de moi : le placard qui se trouve entre la chambre et la cuisine était dans le même état. Le futon d'été dont je ne me sers généralement pas, les couvertures, la literie réservée aux amis, tout était imbibé d'eau.

Je me suis précipitée sur le téléphone et j'ai composé le numéro d'urgence de la compagnie d'entretien de l'immeuble, avant de monter quatre à quatre l'escalier de secours jusqu'à l'appartement du dessus. J'ai frappé plusieurs coups à la porte en criant : « J'ai de l'eau chez moi ! Ça vient de chez vous ! Soyez gentil de fermer l'eau immédiatement ! »

J'avais beau frapper à la porte, appuyer sur la sonnette, personne ne venait. Finalement, un homme est apparu, la démarche mal assurée. Il semblait ne pas saisir mes paroles, il ne comprenait pas ce qui se passait. « Il y a de l'eau chez moi et… D'ailleurs, regardez, votre entrée aussi est toute mouillée, vous ne voyez pas ? » Tandis que je pointais le doigt, l'eau arrivait dans le couloir. A mon tour de ne pas comprendre pourquoi monsieur Okamura restait sans réaction en dépit de ses pieds mouillés. Qu'il n'arrive pas à comprendre la situation, passe encore, mais qu'est-ce qu'il avait l'intention de faire? Mon appartement était inondé tout de même! Incapable de supporter son indifférence, j'avais un mal fou à retenir ce que j'avais envie de lui lancer à la figure.

Une heure plus tard, un technicien arrivait, que la compagnie d'entretien avait fait venir. Tôt le matin, on m'a expliqué la cause de la fuite. Le levier de la chasse d'eau de l'appartement du dessus ne fonctionnait plus et l'eau avait continué de couler. Si ce n'était que ça, le problème n'aurait pas été bien grave, mais la boîte de savon ou de déodorant, que sais-je, qui se trouvait à côté avait bouché le trou d'évacuation, si bien que l'eau avait débordé et fini par arriver chez moi. Pendant tout ce temps, monsieur Okamura dormait à poings fermés dans la pièce japonaise à côté et il ne s'était aperçu de rien.

J'ai passé plusieurs jours à essuyer, nettoyer et évacuer les futons trempés. C'était la première fois que j'utilisais une telle quantité de chiffons et de papier absorbant, c'est aussi à cette occasion que j'ai su que je devais attendre le jour des « encombrants » pour être enfin débarrassée de la literie devenue inutilisable. Entre-temps, les futons se sont mis à dégager une odeur désagréable. Mais ce qui me hérissait pardessus tout, c'était que monsieur Okamura n'avait pas proféré le moindre mot d'excuse. Il faut dire que je n'avais jamais l'occasion de le croiser. Difficile d'imaginer plus mufle! J'avais bien l'intention de lui dire ce que j'en pensais quand je le verrais. Mais ma colère s'est vite résorbée. Etait-ce une sorte de pitié que j'éprouvais à son égard, une forme de compassion, toujours est-il que j'avais perdu les mots que je voulais lui adresser.

Un mois environ avait passé depuis la fuite.

Je me suis réveillée tôt, une fois n'est pas coutume, et je suis allée prendre le journal dans la boîte. Machinalement, j'ai jeté un œil en direction du parking de l'immeuble, par une fenêtre latérale. Dans l'air bleuté de l'aube, Okamura se tenait debout sur une place de parking vide. Il était sur la ligne blanche qui délimite l'emplacement des voitures qui ont un contrat de location. Penché en avant, il fixait le sol. Regardait-il une procession de fourmis, un bout de papier ? Ses mains pendaient, inertes, comme s'il était perdu dans ses pensées. On aurait dit une silhouette humaine collée sur une feuille de papier.

Par rapport à l'autre fois, il avait considérablement maigri et semblait épuisé.

Toute sa personne était empreinte d'un calme effrayant et il fixait le sol avec une attention passionnée, presque anormale. Toujours penché en avant, en déséquilibre, il a fini par avancer en mettant toute sa force dans ses genoux. Un pas, puis un autre. Il chancelait, comme un récipient sur le point de basculer. Tandis que je restais immobile sans le quitter des yeux, j'ai failli crier de surprise : je venais de comprendre que ses mouvements étaient ceux d'un homme en rééducation. Pour ne pas causer d'efforts inutiles à ses reins, à son dos, à ses jambes, il avançait avec précaution, avec concentration, il savait qu'il lui fallait marcher. Chaque pas le rapprochait de sa mort. C'est à ce moment que j'ai compris la raison de son attitude quand j'étais allée le trouver le jour de la fuite d'eau, pourquoi il avait tant de mal à tenir sur ses jambes quand il m'avait ouvert la porte.

Une autre fois. J'ai vu Okamura en train de se faire violemment réprimander. La femme qui lui faisait face devait être une employée de l'arrondissement, quelque chose comme une auxiliaire de vie. Monsieur Okamura était livide, il se cramponnait à la rampe de l'escalier de secours. La femme semblait vouloir l'empêcher de monter.

« Pourquoi vous comportez-vous ainsi ? On dirait que vous prenez plaisir à mettre les gens dans l'embarras ! Cessez donc cette comédie ! »

Monsieur Okamura restait sans rien dire. Les lèvres serrées, il regardait la femme d'un œil plein de rancune. A-t-elle compris qu'elle n'obtiendrait pas gain de cause, elle a tendu la main. Okamura l'a repoussée violemment. La femme a presque hurlé.

« Qu'est-ce qui vous prend ? Je viens ici parce que c'est mon travail. Pourquoi refuser l'ascenseur ? On vous l'a dit pourtant que c'était dangereux de prendre l'escalier ! Si vous tombez, ce sera ma faute ! Vous y avez pensé à ça ? Tout de même, qu'est-ce qu'il ne faut pas voir ! J'en ai plus qu'assez, figurez-vous ! »

Au bout d'un moment, la voix de la femme a pris un ton implorant. L'exhortant, le réconfortant, l'amadouant, la même voix a retenti longtemps dans l'escalier avec des inflexions qui changeaient tout le temps.

L'image d'Okamura m'assaillait, j'avais l'impression d'être déchiquetée, comme un petit animal saisi par un oiseau de proie. Au moment où j'avais commencé d'habiter dans cet immeuble, voilà bientôt trente ans, Okamura était encore assez jeune. Il rentrait tard le soir et avait la fâcheuse habitude de claquer fort sa porte. Moi, je grommelais : « Il ne doit pas savoir l'heure qu'il est, ce malappris ! » J'ignorais comment sa vie avait tourné, mais celui qui rentrait à une heure tardive en claquant sa porte, voilà qu'il était devenu un vieil homme réussissant à peine à longer la ligne blanche d'un parking.

Est-ce ainsi que les hommes se font vaincre par la maladie ? Qu'ils vivent en butte à la rancune, au mépris et à la pitié ? Tout en me laissant aller à ces pensées, la voix d'Okamura m'est soudain parvenue, qui s'adressait sans doute à la femme, une voix posée et ferme :

« Espèce d'idiote, en voilà assez ! »

La voix d'un homme solitaire, dont le corps a vieilli. Il a beau mettre toute son énergie dans la rééducation, son corps ne répond plus comme avant. Okamura, soutenu par la femme, se traînait en direction de l'ascenseur.

Moi, j'ai regagné mon studio et j'ai regardé à l'intérieur du placard. Je n'étais pas encore habituée aux futons que je venais d'acheter. Ils étaient volumineux et prenaient singulièrement de la place. Un mois plus tôt, il y avait ici les futons et l'oreiller que j'utilisais toujours à Tôkyô. C'étaient les futons qui avaient pris l'eau, l'oreiller qui avait pris l'eau, ils s'étaient transformés et ma main ne les reconnaissait plus. Cela m'a fait penser qu'une literie mouillée ressemblait au linceul d'un mort. Oui, les choses aussi ont une fin inattendue.

Dans l'appartement de monsieur Okamura, il devait y avoir une multitude de choses qui attendaient leur fin. Des chaussons tachés, connerie, le sol des toilettes où l'eau formait une nappe, connerie. Les murs maculés de traces, connerie. Le temps qui ponctuait la vieillesse, connerie. La voix sourde et pleine de rancune continuait de retentir quelque part.

A partir de ce moment, je suis devenue attentive aux bruits qui venaient du dessus. Plus c'était calme, plus j'étais inquiète, je me demandais ce qui se passait. L'auxiliaire de vie était-elle là ? Peu importait que ce soit une bénévole ou une fonctionnaire un peu autoritaire, je craignais qu'Okamura ne soit forcé de vivre dans un appartement nauséabond. Peut-être déjà le sol et les murs inondés dégageaient-ils une odeur de moisi. Les yeux ne pouvaient pas le voir, mais une ombre profonde s'étendait à l'étage supérieur. Depuis cet incident, j'étais devenue malgré moi d'une sensibilité maladive au bruit de l'eau la nuit.

Quand je tendais l'oreille, des sons traversaient sans cesse les murs, l'air chargé de gouttes, un frôlement. Non seulement de l'étage au-dessus, mais encore plus haut, j'entendais avec netteté le bruit de l'eau qui coulait. L'eau coulait toujours quelque part, à l'intérieur des canalisations qu'on avait enfermées à l'intérieur des murs. Etait-ce un couche-tard qui faisait couler l'eau dans le cabinet de toilette ou la cuisine ? Peu à peu, le son enflait et j'avais l'illusion d'une inondation imminente.

Mon cerveau était traversé par l'image de tuyaux crevés, de murs ruisselants. Voilà ce que je me disais en tendant l'oreille. Est-ce que j'entendais vraiment ces bruits-là ? Est-ce que des gens vivaient la nuit ? Que l'eau coule permettait d'en avoir la preuve, une petite preuve de leur existence, qui traversait furtivement les murs. Cependant, l'appartement restait silencieux.

Immobile, la tête posée sur mon oreiller tout neuf, quelque chose de tiède a coulé de mes yeux. Dans l'eau qui stagnait au-delà du plafond juste au-dessus de moi, j'avais vu la silhouette d'Okamura, son corps mouillé allongé, immobile. Il était en vie, pourtant ce corps était immobile comme un cadavre. De ce corps s'échappaient des bulles de liquide vaisselle qui disaient : « Pauvre con ! » Les mots se mêlaient à l'eau sale, stagnaient dans les ténèbres sans pouvoir être expulsés.

La surface gelée du marais brillait doucement dans l'obscurité. Le bruit de la source qui montait jusqu'à la véranda était rafraîchissant. L'eau coulait vers la mer, sans relâche, en se frayant un chemin sous la terre. Ici, il y avait une eau étrangère à l'homme. Ce n'était pas une eau liée à la vie quotidienne, c'était une eau que la gravitation entraînait sur le terrain en pente. Dans la nuit, le jaillissement de la source me donnait l'impression d'un rire léger, ou encore d'un claquement de langue pour éloigner quelqu'un. On pouvait aussi sentir dans ces pétillements l'excitation joyeuse de jaillir de la terre pour aller vers une destination connue, la joie d'être libre. Par-delà le rire de l'eau, l'espace d'un instant, il m'a semblé entendre la voix haineuse d'Okamura qui criait : « Assez ! » Je ne l'avais jamais revu depuis ce jour-là.

Soirée glaciale. Orion s'est déplacé loin vers l'ouest.

Je suis rentrée dans la maison en me frottant les mains et les épaules toutes refroidies. Je suis restée un moment devant le poêle sans penser à rien. Est-ce parce que j'étais recroquevillée de froid, une envie brutale de boire de l'alcool m'a saisie, n'importe quoi ferait l'affaire. J'ai sorti une bouteille de vin et je me suis servi un verre du liquide rouge. Aussitôt, une chaleur est montée du fond de mon corps. J'ai remué les doigts plusieurs fois, les étirant, les repliant, et pour la première fois depuis longtemps, j'ai regardé mes mains abîmées. Cet été, quand je m'étais baignée, elles m'avaient semblé encore jeunes dans la transparence de l'eau. En réalité, elles avaient perdu toute jeunesse. Sèches et raides.

Quand viendrait le matin où, comme Okamura, je me mettrais à trembler sur mes jambes ? A moins que mon élocution ne perde sa fluidité. La vie humaine est une étoile filante. Elle ne connaît pas comme l'eau de source un lointain et long parcours. Les jours se répètent dans un mouvement monotone, et quand on en prend soudain conscience, on se retrouve incapable d'avancer droit sur une ligne blanche.

Quand cette pensée m'est venue, ces mots me sont sortis du cœur : « Il faut faire vite ! », inexplicablement. Vite, vite. Sinon, il ne sera plus temps. Seule une décision fait aller les gens en avant. Oui, vite. Autant que possible.

Prémices du printemps. Les fleurs de prunier, la véronique se mettent à fleurir. Les clochettes d'hiver s'épanouissent. Les roses de Noël sont à leur apogée. Je ramasse le tussilage. Je plante les fleurs en pot, j'augmente le nombre de pots. Je mets de l'engrais pour les plantes vivaces. Je plante des pommes de terre.

Usui. C'est le moment de l'année où la neige se transforme en pluie. La température se réchauffe peu à peu. Les arbres gonflent leurs bourgeons. Il faut mettre de l'engrais pour que les bulbes sortent de terre.

Il pleut, un tout petit peu. Il paraît qu'on nomme cette pluie « la pluie douce ». Tachibana parlait d'une pluie « aigre-douce »…

Découverte de minuscules bourgeons sur les rosiers.

Je termine enfin de manger le riz pilé que j'ai rapporté de chez ma mère au Jour de l'an.

A acheter : gants de caoutchouc pour le jardinage. Mastic pour réparer mes bottes de caoutchouc. Graines diverses.

Mars.

Ce sera bientôt l'équinoxe de printemps.

Çà et là, le versant des collines a commencé à se couvrir de délicates taches vert clair.

Je m'active dans la maison, car je voudrais prendre un train tôt dans l'après-midi. Je vérifie tout, m'assurant que je n'ai rien oublié en faisant les cartons que j'envoie par colis postal.

J'ai bien fermé les fenêtres du premier étage et j'ai prévenu la poste de mon changement d'adresse. J'ai aussi arrêté la livraison du journal. Dans quinze jours, je penserai sûrement avec nostalgie à la rubrique « Demain dans l'ancien calendrier » que j'ai suivie pendant toute cette année, sans oublier le « Courrier des bateaux de pêche en haute mer ». J'ai vidé le frigidaire, pris les boîtes de nourriture pour le chat, sans oublier l'eau de son bol. J'ai fermé l'eau et le gaz. Ma carte de Sécu, mon passeport, mon livret bancaire sont déjà dans un coin de mon sac.

Toute la semaine, je l'ai passée à aller bavarder avec tous ceux qui me sont devenus familiers. Kurata, après m'avoir raconté en détail tout ce qu'il planterait au printemps, m'a remis une brassée de pétasites qu'il avait coupées dans un coin de son potager, en me disant : « Vous comprenez, c'est trop tôt pour les pousses de bambou, alors… » Les oignons de ces *fuki* se multipliaient d'année en année, et il était à présent en mesure de se nourrir uniquement des légumes de son potager. « Il y en a plus que l'an dernier. Tout finira par devenir une jungle ! » L'air gêné, il a dit : « Je vous conseille de les manger en tempura, c'est rudement bon. Et puis, au frigidaire, ça se garde quelque temps. »

Tachibana m'a fait cadeau d'un foulard vert pâle, sa femme avait le même. Il paraît qu'il avait obtenu la teinture à partir de jeunes feuilles d'armoise. Les croyances populaires concernant les plantes ne viennent pas du ciel, on les trouve un peu partout dans les champs. Une fois, il m'avait donné de l'alcool fermenté avec des *biwa*. C'était efficace, paraît-il, pour les maux d'estomac ou d'intestins, bon pour la peau aussi, je ne sais plus.

La maison que Yasuko et Kôtarô ont restaurée de leurs mains ruisselait de soleil, dont les rayons traversaient une grande fenêtre exposée au sud. La pelouse avait poussé et les rosiers qu'ils avaient plantés à l'automne prenaient bien. Tous ces rosiers donneraient sûrement des fleurs aux couleurs variées quand viendrait l'été.

« Je vais être sans travail pendant un bout de temps », avait dit Kôtarô, mais il m'a annoncé qu'il allait avoir un poste dans un *juku* à l'occasion du nouveau trimestre de printemps. L'établissement est petit, dirigé par un professeur à la retraite, il enseignera les mathématiques deux fois par semaine pour commencer à des collégiens.

« Vous savez, j'ai dessiné quelque chose », m'a dit Yasuko. Sur un mur de la salle de séjour, se trouvait encadré le dessin d'un champignon. J'ai cru que c'était un parapluie rouge, tombé de l'espace. « Vous ne voulez pas l'emporter ? » Je l'ai remerciée poliment en disant qu'il décorait à merveille leur séjour, ce serait dommage.

Elle ne pouvait pas savoir à quel point mon studio à Tôkyô était encombré de choses plus insolites les unes que les autres. Une masse de livres jaunis, des monceaux de documents que j'ai accumulés après les avoir imprimés, des lettres que m'ont écrites des amis à présent disparus, des vêtements que je n'ai pas le courage de jeter, des couches absorbantes pour le chat empilées dans les toilettes, des produits d'entretien achetés d'avance. Comment le ravissant dessin d'un champignon pourrait-il s'accorder avec l'absence totale d'harmonie de mon intérieur ? Sans parler du fait que… Je me suis mordu les lèvres, décidée à ne rien dire pour l'instant.

« Quand reviendrez-vous ?

— En juin. Peut-être au début du mois de juillet. En tout cas, ce sera vers l'époque des lucioles. »

Les Kawahara sont allés tous les deux au jardin et ils ont coupé pour moi une branche de pêcher qui commençait à fleurir. J'hésitais, me demandant comment j'allais pouvoir l'emporter. Kawahara, qui ne parle pas beaucoup, a dit : « Qu'est-ce que ça peut faire, si les fleurs se fanent ? Il suffit qu'elles tiennent aujourd'hui. »

A côté de son mari, madame Kawahara a ajouté : « Pourquoi ne resteriez-vous pas jusqu'à la floraison des cerisiers sauvages ? »

Les fleurs de pêcher qui avaient été soigneusement enveloppées dans du papier journal, je les ai attachées sur le panier du chat, de crainte qu'elles ne soient écrasées ou cassées.

« Je vous accompagne en voiture jusqu'à la gare », m'avait dit Kayoko, et en attendant qu'elle vienne me prendre, je suis partie vers le bois de bambous de Kurata, j'y tenais absolument. Les pousses de bambou n'étaient pas encore sorties, et quand je me suis avancée entre les arbres, un vent frais, presque froid, s'est mis à souffler. Au-dessus de moi, les tiges des grands bambous qui se frôlaient retentissaient comme le galop d'un cheval. Un univers vide ? Le cosmos ? Oui, ici, plongée dans un vide inaltérable, j'avais l'impression d'être hors d'atteinte de la mort !

J'ai fait une autre découverte inattendue. L'arbre aux feuilles toujours mouillées, que j'avais cru mort, voilà qu'il montrait des pousses minuscules entre les racines. Les endroits sur lesquels je m'étais baissée souvent pour les couper, laissaient voir de petits bourgeons verts. J'ai poussé un cri de joie.

Au retour, j'ai traversé le pont Yukio et je suis allée jeter un coup d'œil au marais. La proue de la barque pointait sa face sculptée en direction du cosmos. J'ai caressé la sculpture, la paume de ma main a senti la chaleur du bois, le bruit de l'eau était incessant, traversé parfois par le chant d'un rossignol.

Lorsque j'étais venue ici pour faire une pause un peu au hasard, les rossignols chantaient sans arrêt. Cette fois, c'est pour me dire au revoir.

Mon séjour a duré un peu moins de douze mois. Mais j'ai l'impression d'avoir passé plusieurs années sur cette presqu'île. Est-ce à cause de l'ancien calendrier, qui divise chaque mois en deux et fait d'une année vingt-quatre saisons ? J'ai vécu des jours heureux d'une grande douceur. Je n'ai pour ainsi dire pas travaillé, j'ai mangé, dormi, bavardé, j'ai marché au bord de la mer, j'ai exploré la forêt.

Je ne l'ai dit à personne, mais en mars, c'est mon anniversaire. Depuis à peine quelques jours, j'ai changé de dizaine. Le jour où j'ai franchi la ligne, j'ai pris une décision que j'avais jusque-là laissée dans l'ambiguïté : revenir à Tôkyô.

Mettre de l'ordre dans les pièces sens dessus dessous, jeter les choses inutiles, louer l'appartement ou le mettre en vente. Quel que soit mon choix, ce sera un argent précieux pour ma vie ici. Quand tout sera réglé, je reviendrai dans la péninsule avec un nouvel état d'âme. Oui, sinon, il sera trop tard.

Nanako, es-tu d'accord ? Je voudrais trouver un rythme différent de celui qui t'a fait vivre ta vie trop vite. Oui, un rythme moins précipité que celui de Tôkyô, une vitesse qui corresponde à ce que je suis, tu vois ?

J'ai mis dans son panier le chat que j'avais laissé enfermé dans la maison depuis le matin, la voiture de Kayoko est arrivée à point, sans que j'aie besoin de la guetter. J'ai mis les bagages dans le coffre et je suis montée dans la voiture en essayant de calmer le chat qui poussait des miaulements affolés. « Ne t'inquiète pas, nous allons tout de suite revenir.

— En juin ?

— Oui. Avec ma mère, en tout cas. Pour la suite, je vous préviendrai. »

Nous n'avions plus rien à nous dire. C'est uniquement à Kayoko que j'ai parlé de mon intention de vendre mon studio pour m'installer ici. Même si je fais des allers et retours, cette fois, ma vie principale sera ici. Mon absence ne durera que quelques mois.

« Bon, alors au revoir !

— A la prochaine ! »

En même temps, Kayoko m'a mis dans la main un pot enveloppé dans du tissu.

« Qu'est-ce que c'est ?

— Vous avez oublié ? Un jour, je vous ai promis de vous donner le meilleur miel du monde ! »

J'ai défait le tissu, et un liquide dense de couleur brune a tremblé légèrement dans la lumière.

« C'est du miel de châtaignier. J'avais l'intention de vous le donner au moment de votre retour à Tôkyô, et j'en avais gardé un peu. C'est celui que préfère Yôji, il ne peut le récolter qu'une fois tous les quatre ou cinq ans. Vous verrez, cela augmentera votre vitalité ! » Et elle a ajouté sur un ton mystérieux : « A propos de vitalité, Yasuko n'a plus de crises d'asthme, elle a même la ferme intention d'avoir un enfant. Si tout se passe bien, le nombre des habitants va encore augmenter. »

Ah bon ? Bien, bien. Elle a la quarantaine, c'est un âge où il est encore temps pour beaucoup de choses. A l'idée que Kôtarô allait devoir pendant de longues années s'activer comme une abeille ouvrière, je n'ai pu retenir un sourire.

J'ai entendu le bourdonnement des essaims. Dans le train encore, il ne cessait de vibrer. Les abeilles de l'atelier du miel devaient, à l'heure qu'il est, butiner partout à travers la péninsule le colza en fleur. Dans la ruche, la reine continuait à pondre une multitude d'œufs. Ainsi se répétait éternellement la chaîne sans fin de la vie. Kôtarô aussi était l'une de ces abeilles ouvrières bourdonnant à l'infini.

J'ai pris mon ordinateur dans le sac que j'avais posé devant moi. Je l'ai allumé et j'ai ouvert un nouveau dossier. J'ai réfléchi un moment et j'ai tapé le titre « Près de l'arbre qui ruisselle ». J'avais l'intention d'écrire le récit de la deuxième moitié de ma vie. Je faisais la course avec l'arbre.

Tandis que je regardais d'un œil distrait les lettres qui brillaient faiblement dans la lumière, j'ai entendu le fragment d'un air que j'avais oublié depuis longtemps. Une voix de femme, un peu rauque, chantait : « Nous n'irons plus au bois… » C'était une chanson de Françoise Hardy que j'avais écoutée un nombre incalculable de fois dans ma jeunesse. Les paroles m'ont traversé vaguement l'esprit. « Ma jeunesse fout le camp, nous n'irons plus au bois… »

La voix a retenti dans ma tête.

Allons, reconnais-le franchement, ta jeunesse est finie. Moi aussi, je croyais que je n'irais plus au bois. Mais maintenant, il n'en est plus ainsi. J'irai encore dans le bois. Le bois où les aulnes, les cèdres, les pins et tous les autres arbres baignent dans la lumière du matin et le vent de la mer. L'automne verra sortir les champignons de toutes les couleurs. Yasuko marchera en arborant son air de peintre amateur, dans cette forêt qui est à nous et que les abeilles traversent. Parfois, des êtres inconnus surgis de la mer avanceront sur ce chemin couvert d'une couche de feuilles pourries sur lesquelles on a l'impression de flotter. Ce chemin aussi, je l'emprunterai avec ces êtres inconnus venus de la mer que je suis seule à voir. Celle qui est revenue dans la forêt sans que personne ne le sache connaîtra encore des jours où la joie éclairera soudain son visage.

Une demi-heure après le départ, le train est sorti des montagnes. De nouveau, la mer est apparue. La mer qui reflétait sous l'éclat éblouissant du soleil les ailes des oiseaux. L'eau de la pleine mer étincelait, bleue comme jamais.

C'était le début de la péninsule, là où se creuse l'estuaire en dents de scie, que je connais mieux que quiconque. La baie évidée, largement ouverte vers l'intérieur, était comme un immense utérus bleu pâle.

Quand on avait dépassé la baie vers la droite, ce n'était plus qu'une plaine où se succédaient rizières et collines douces. Loin, très loin, il y avait la capitale où j'avais vécu ma jeunesse, Tôkyô m'attendait, cette ville qui avait pour moi commencé de vieillir doucement.

Achevé d'imprimer
sur les presses de la Nouvelle Imprimerie Laballery
58500 Clamecy
Août 2019
Dépôt légal : mars 2018
Numéro d'impression : 908208

Imprimé en France

La Nouvelle Imprimerie Laballery est titulaire de la marque Imprim'Vert®